Axel Springer

Reden wider den Zeitgeist

Axel Springer

AXEL SPRINGER

REDEN WIDER DEN ZEITGEIST

ULLSTEIN

Satz: Fotosatz-Service Weihrauch, Würzburg
Druck und Verarbeitung: Wiener Verlag, Himberg bei Wien
Einbandentwurf: Theodor Bayer-Eynck
Frontispiz: Aufnahme Friede Springer
Printed in Austria 1992
ISBN 3 550 07192 2

Gedruckt auf Papier mit chlorfrei gebleichtem Zellstoff

Die Deutsche Bibliothek – CIP-Einheitsaufnahme

Springer, Axel:
Reden wider den Zeitgeist / Axel Springer. – Berlin ;
Frankfurt/Main : Ullstein, 1993
ISBN 3-550-07192-2
NE: Springer, Axel: [Sammlung]

Inhalt

Einleitung
9

Für ein Deutschland, das all unserer Liebe würdig ist
Rede am 6. Oktober 1966 anläßlich der Einweihung des Berliner Verlagshauses
15

Unlust, soweit sie den »Spiegel« betrifft
Brief vom 19. März 1970 an den damaligen »Spiegel«-Chefredakteur Günter Gaus
25

Berlin ist die Klammer für beide Teile Deutschlands
Rede am 5. September 1970 in Berlin anläßlich der Entgegennahme einer Auszeichnung durch den Bund der Vertriebenen
32

Frieden gegen die Gewalt oder Frieden mit der Gewalt?
Antwort auf einen Offenen Brief des SPD-Abgeordneten Kurt Mattik vom 16. September 1970
52

Abwehr gegen den Kommunismus: Was heißt das?
Antwort auf einen Leserbrief in der »Welt« vom 2. Juni 1971
59

Soziale Marktwirtschaft – kein Feld für gewerkschaftliche Machtpolitik
Interne Erläuterungen für leitende Verlagsmitarbeiter zum Thema Mitbestimmung vom September 1971
65

Den Weg in die UNO freigeschossen
Artikel in der »Welt« vom 21. August 1972 zur angestrebten UNO-Mitgliedschaft der »DDR«
71

Von Überläufern, Mitläufern und Leerläufern
Rede am 29. September 1972 vor Zeitungs- und Zeitschriftengrossisten in Lindau am Bodensee
77

Die Wahrheit darf nicht vom Tisch
Artikel in der »Welt« vom 19. Mai 1973 anläßlich des Bonn-Besuchs von KPdSU-Generalsekretär Breschnew
88

Berlin – Hauptstadt der Deutschen
Rede am 8. September 1974 in Berlin anläßlich des 25. »Tages der Heimat« des Berliner Landesverbandes der Vertriebenen
93

Die Stärke, die allein den Frieden sichert
Artikel in der »Welt am Sonntag« vom 7. März 1976 zum Thema »Entspannung«
110

Kein Aufschrei geht durch unser Vaterland
Rede am 18. Juni 1976 in München anläßlich der Verleihung der Jakob-Fugger-Medaille
115

Charlottenburger Kniefall
Kommentar in der »Berliner Morgenpost« vom 1. Juli 1979
133

Sprechen wir eigentlich noch die gleiche Sprache?
Brief vom 5. Juli 1979 an den Berliner SPD-Abgeordneten Gerd Löffler
135

Wir müssen die Stimme gegen das Unrecht erheben
Brief an UN-Botschafter Rüdiger von Wechmar vom 11. Januar 1981
142

Es gibt kein Vaterland ohne Gott
Rede am 27. Juni 1981 in München anläßlich der Verleihung des Konrad Adenauer Freiheitspreises
145

Personenregister
163

Denn eine Zeit wird kommen,
da macht der Herr ein End';
da wird den Falschen genommen
ihr unechtes Regiment.

Joseph von Eichendorff
Aus dem Gedicht »Klage«, 1809

Einleitung

Die Reden Axel Springers beeindrucken. Sie zeigen einen Mann, der unbeirrt für die deutsche Einheit in Freiheit eintrat, auch als manche davon nichts mehr hören und viele daran nicht mehr glauben wollten. Sie zeigen einen Mann, der an den Aufbau eines freien, geeinten Europas glaubte, der sich engagiert für die Aussöhnung zwischen Juden und Deutschen einsetzte und der unermüdlich für die Wahrung der Menschenrechte überall in der Welt stritt.

Axel Springer hat aus dem Nichts heraus einen der größten Medienkonzerne des Kontinents aufgebaut. Dies, sein politischer Mut, seine Beharrlichkeit und Prinzipientreue machen ihn zu einer bedeutenden Persönlichkeit der deutschen Nachkriegsgeschichte.

Mut und Standfestigkeit Springers kamen Ende der fünfziger Jahre exemplarisch in dem Plan zum Ausdruck, ein neues Verlagshaus unmittelbar an der Sektorengrenze in Berlin zu errichten – eine der faszinierendsten unternehmerischen Entscheidungen in der Geschichte der Bundesrepublik Deutschland. Den Beschluß zu bauen faßte er, als sich nur wenige hundert Meter entfernt amerikanische und sowjetische Panzer gegenüberstanden. Die Grundsteinlegung fand zwei Tage vor dem Ablauf des die Stadt lähmenden Chruschtschow-Ultimatums statt. Und als ab August 1961 über 400 Meter der menschenverachtenden Berliner Mauer das Baugrundstück umgaben, wurden die Arbeiten unbeirrt fortgesetzt.

Das Verlagshaus sollte, so Axel Springer, »als Leuchtturm und Wegweiser zur Freiheit und Hoffnung für meine versklavten Landsleute« dienen. Er hat mit diesem Bau ein Zeichen wider den Zeitgeist gesetzt. Aus seiner Ablehnung jeder Art von politischem Totalitarismus, aus seiner Gegnerschaft zur kommunistischen Diktatur und seinem bedingungslosen Eintreten für die Freiheit zog er die Konsequenz, sich selbst, ungeachtet aller Risiken, an vorderster Front zu engagieren – im wörtlichen wie im übertragenen Sinn.

In seiner Rede zum 25. Jahrestag der Einweihung des Verlagshauses würdigte Bernhard Servatius 1991 dieses Engagement: »Axel Springer setzte ein Zeichen, zeigte unerschrocken in der alten Hauptstadt Flagge und investierte inmitten des Kreuzberger Trümmerfeldes Millionen. Er dachte in der ganzen Zeit der politischen und wirtschaftlichen Bedrängnis nie daran, aufzugeben. Im Gegenteil: Er schärfte anderen den Blick für die hinter dem Schein der Realitäten liegende Wirklichkeit – und er lehrte sie, Moral in die Politik zu bringen. Er kannte das Wort Heinrich Brünings: Die Freiheit wurzelt in den Herzen der Menschen, wenn sie da stirbt, bedeuten Verfassung, Gesetze und Gerichte nichts.«

Für die Idee von Deutschlands Einheit in Freiheit hat Axel Springer gelebt und gekämpft. Den »Progressiven« und den »Realisten« in der Bundesrepublik, die auf die Anerkennung der »Realitäten« pochten, hielt Springer entgegen, daß auch der geglückte Bankraub eine Realität sei, man ihn deshalb jedoch nicht respektieren müsse.

Ernst Moritz Arndts Wort: »Als Deutschland durch seine Zwietracht nicht mehr war, umfaßte mein Herz seine Einheit und Einigkeit«, war der Wahlspruch des Verlegers. 1976 beklagte er in einer vielbeachteten Rede die Gleichgültigkeit und Stumpfheit seiner Landsleute gegenüber den Verbrechen von

Stasi-Staat und SED-Machthabern. Er forderte Protest, Widerstand, entschlossenes Eintreten für die Menschenrechte und die Absage an jede Kumpanei mit dem SED-Staat.

Hinsichtlich des erstrebten Ergebnisses zeigt sich eine Parallele zwischen dem publizistischen Wirken Springers und der Politik der Union – wenn auch die Wege verschieden sein mußten. Politische und diplomatische Zwänge sowie das Interesse an praktischen Verbesserungen für die Menschen im geteilten Deutschland erlegten einer Regierung verbale Zurückhaltung auf. Das Ziel der Einheit in Freiheit hat die Union aber niemals aufgegeben. Und während andere mit den Machthabern in der früheren DDR gar geistige Gemeinsamkeiten entdeckten, blieb die Union in entscheidenden Fragen wie der der einen deutschen Staatsbürgerschaft standhaft, sprach sie mit der SED-Diktatur nur, soweit dies dem Ziel menschlicher Erleichterungen für die Deutschen im Osten als auch im Westen diente. Die millionenfachen Begegnungen der Menschen, die so in den achtziger Jahren zustande kamen, sollten das Bewußtsein von der Einheit der Nation wachhalten und stärken und erwiesen sich schließlich als die Saat, die 1989 aufging.

Tragisch ist, daß Axel Springer vier Jahre, bevor Deutschlands Grenzen und Mauern fielen, starb, daß er die deutsche Einheit nicht mehr erleben und begleiten durfte. Mit der ihn kennzeichnenden Entschlossenheit hätte er sich wohl all denen entgegengestellt, die sich bereits früher mit dem kommunistischen System arrangiert hatten und die selbst in den bewegten Tagen 1989 und 1990 erst noch von Zweistaatlichkeit, dann von einem überstürzten Einigungsprozeß sprachen und die einmalige historische Chance möglicherweise vertan hätten.

Heute würde Axel Springer alles daransetzen, dazu beizutragen, nach der staatlichen Einheit nun die innere Einheit Deutschlands herzustellen. Die Überwindung dessen, was

Deutsche in Ost und West nach über vierzig Jahren unterschiedlicher Entwicklung trennt, die Überwindung der katastrophalen Hinterlassenschaften des real existierenden Sozialismus sind die zentralen nationalen Herausforderungen der neunziger Jahre und wären es auch für den Verleger Springer gewesen. Dies um so mehr, als es nach über vierzig Jahren Trennung mit der Folge völlig unterschiedlicher Biographien und Lebenserfahrungen der Menschen in zwei zwangsweise getrennten Gesellschaften vor allem gilt, Verständnis füreinander zu schaffen und Vorurteile abzubauen: Wer könnte in diesem Bereich mehr Gutes tun als die Medien?

Axel Springer war ein Patriot im besten Sinne des Wortes, und er war zugleich ein begeisterter Europäer. Beides gehörte für ihn so untrennbar zusammen wie für die Union. Deutschlands Einheit und Freiheit in einem freiheitlichen geeinten Europa waren das Ziel des Verlegers. Nach dem Verfall der Sowjetunion und dem Ende des Ost-West-Konfliktes gilt noch mehr als zuvor, daß die Zukunft des wiedervereinigten Deutschlands nur in einem geeinten Europa liegt. Wir Deutsche müssen wissen, wo wir hingehören. Unsicherheiten, die quälende Suche nach dem eigenen Standort, eine Schaukelpolitik wie im 19. oder zu Anfang des 20. Jahrhunderts dürfen und wollen wir unserem Vaterland wie unseren Nachbarn nicht mehr zumuten.

Beredten Ausdruck findet in Axel Springers Reden auch sein anderes Hauptanliegen: das Engagement für jüdisches Leben und für den Staat Israel. Leidenschaftlich wie wenige andere trat er für das Lebensrecht des israelischen Volkes ein, förderte den Bau kultureller Einrichtungen in Israel und setzte sich dafür ein, daß Deutschland in der Völkergemeinschaft ein getreuer Freund der Juden und des Staates Israel bleibt, so wie es ihm einmal Konrad Adenauer in einem Gespräch nahegelegt hatte.

Es waren Axel Springers Vorstellungen eines modernen, universalen Friedenskonzeptes und sein christliches Menschenbild, die in ihm den Wunsch erwachsen ließen, zur Aussöhnung zwischen Deutschen und Juden beizutragen. Er hat oft von der »Kraft des Vergebens«, vom Versöhnen gesprochen und vor der Macht des Vergessens gewarnt. Er hat sich, obwohl er selbst sagte, daß es eine wahre Wiedergutmachung nicht geben könne, immer dafür eingesetzt, Wiedergutmachung zu versuchen. So sah er sich selbst als Anwalt des Staates Israel.

Axel Springer fühlte sich als Vorkämpfer der Freiheit, deren wesentliche Grundlage die Toleranz ist. Die Intoleranz und Gewaltbereitschaft, die wir in diesen Tagen von rechten wie linken Extremisten erleben, hätten ihn doppelt betroffen gemacht. Die Verpflichtung, dem Extremismus als Demokraten entschlossen entgegenzutreten, trifft Politiker wie Journalisten. Wir alle tragen Verantwortung für den inneren Frieden. Wir müssen sie wahrnehmen.

Dr. Wolfgang Schäuble — Dr. Günther Krause

Für ein Deutschland, das all unserer Liebe würdig ist

Am 6. Oktober 1966 wurde das unmittelbar an der Berliner Mauer in der Kochstraße gelegene Verlagshaus Axel Springer eingeweiht und seiner Bestimmung übergeben. An der Feier nahmen mehr als 560 Ehrengäste teil. Bundespräsident Heinrich Lübke, der Regierende Bürgermeister von Berlin, Willy Brandt, und Vizekanzler Erich Mende hielten Ansprachen. Ernst Lemmer verlas in seiner Eigenschaft als Beauftragter des Bundeskanzlers in Berlin einen Brief Konrad Adenauers. Bauherr und Gastgeber Axel Springer hielt aus diesem Anlaß folgende Rede:

Ich begrüße Sie sehr herzlich und danke Ihnen, daß Sie heute zu uns gekommen sind. Ich darf hinzufügen, sehr verehrter Herr Bundespräsident, daß ich es nicht gewagt hätte, Sie und den illustren Kreis der Gäste einzuladen, wenn es sich lediglich um die Einweihung eines Verlags- und Druckhauses gehandelt hätte, so groß, so modern es ist, so hoch sein Rang als erstes Haus dieser Art auf dem Kontinent auch sein mag. Die Rechtfertigung zu der Einladung glaubte ich in der besonderen geographisch-politischen Lage des Neubaus sehen zu dürfen, die doch nur gewählt wurde, um den Willen zum ganzen Deutschland zu bekunden.

Der heutige 6. Oktober ist für uns, die wir dieses Haus in sieben langen Jahren errichteten, ein großer Tag. Wenn ich sage, ein großer Tag, so bedeutet das beileibe nicht: ein rundum glücklicher Tag. Wer ein Haus baut auf einem Grundstück, dessen 410 Meter lange Begrenzungsmauer die grauenhafteste Absurdität ist, die Europa aufzuweisen hat, und die tagaus, tagein daran erinnert, daß wir in einem geteilten Land leben, dem ist nicht nach Jubel zumute. Selbst dann nicht, wenn er seinem Schöpfer dafür dankbar ist, daß er gerade hier bauen durfte und konnte.

Die Geschichte des Baues ist schnell erzählt: An einem überheißen Sonnentag, am 25. Mai 1959, wurde hier, zwei Tage vor Ablauf des Chruschtschow-Ultimatums*, der Grundstein gelegt. Sie, Herr Regierender Bürgermeister, nannten damals die Grundsteinlegung ein Symbol dafür, daß Berlin nicht allein gelassen worden ist, als es sich darum handelte, einer neuen Drohung zu widerstehen; als es sich darum handelte, sich nicht zu Sklaven und Opfern des neuen Vorstoßes zu machen. Und Sie, Herr Minister Lemmer, sagten, daß wir nach Berlin gekommen wären, um hier ein Bekenntnis zur Unvergänglichkeit unseres Landes abzulegen.

Als wir damals ganz nahe dem geographischen Mittelpunkt der ganzen Stadt Berlin den Grundstein legten, geschah dies noch an der relativ harmlosen Sektorengrenze; wir ahnten damals lediglich, daß uns noch schwere Ereignisse bevorstanden. Eines ließ nicht lange auf sich warten, und ein echtes Erschrecken erfaßte uns, als am 13. August 1961 hier unmittelbar vor unseren Augen an einem Sonntagmorgen die weltberüchtigte Mauer aufgerichtet wurde.

Mitten im Bau begriffen, gerade nach Beendigung des ersten technischen Bauabschnittes, sah ich mich plötzlich vor die Frage gestellt: Weitermachen oder sich zufriedengeben mit dem bisher

* Am 27. Mai 1959 sollte die Frist des Ultimatums gegen den Viermächtestatus von Berlin ablaufen. Ein halbes Jahr zuvor, am 27. November 1958, hatte die sowjetische Regierung in einer Note die Westmächte aufgefordert, die »West-Berlin-Frage durch die Umwandlung in eine selbständige politische Einheit«, in eine freie Stadt, zu lösen.

Erbauten? Das bisher Erbaute als eine Außenstelle des Druckhauses Tempelhof verstehen und die Hauptproduktion dort belassen? Eine Lösung, die bis auf den heutigen Tag, kaufmännisch gesehen, sicher vorteilhafter gewesen wäre. Die zusätzlichen Lasten tragen wir heute wie morgen aus politischen Gründen. Nur mit dem Blick auf die Zukunft mag dieser Bau auch wirtschaftlich gerechtfertigt sein. Damals war der Entschluß nicht leicht, aber er hieß: weitermachen!

Im übrigen, als dann der »stachelbewehrte Wurm aus liederlich verpflasterten Kunst- und Backsteinen« vor uns lag – wie in diesen Tagen die »Neue Zürcher Zeitung« die Mauer nannte –, stellte sich die Frage: Wie baut man hier? Ich hielt es für richtig, gerade hier mehr für einen Hausbau zu tun, als ich es jemals in Westdeutschland getan habe. Ich kann nicht einsehen, daß es nur in Düsseldorf Paläste geben darf und daß man hier in Berlin, wo man so sehr der Ermutigung bedarf, in Sack und Asche gehen soll.

Ich jedenfalls danke den Architekten für das gelungene Haus. Es soll keineswegs uns allein dienen. Wir beabsichtigen vielmehr, seine Repräsentationsräume, wenn das gewünscht wird, auch anderen zur Verfügung zu stellen – zum Nutzen von Berlin.

Ohne Aufhebens wurde damals nach dem 13. August 1961 weitergebaut, was die Ostberliner Zeitungen allerdings nicht davon abhielt, gegen Ende des Jahres 1962 in Schlagzeilen zu behaupten: »Axel Springer springt ab ...«, »Axel Springer wird Berlins Boden zu heiß ...«, »Kapitalflucht des Pressekonzerns aus Westberlin ...«

Als diese Zwecklügen in der Zone und auch in westdeutschen Blättern nachgedruckt wurden, lud ich hier in Berlin zu einem Neujahrsempfang am 8. Januar 1963 ein, um zu korrigieren. Es konnte uns nicht gleichgültig sein, wie besonders die Bewohner in Ost-Berlin und in der Zone über unser Tun und Lassen informiert wurden. Ich war dem »Sender Freies Berlin« und dem RIAS für die richtigstellenden Ausstrahlungen nach Ost-Berlin und in die Zone sehr dankbar.

Bestärkt in unserer Zuversicht fühlten wir uns alle in jenen Tagen durch die feste Haltung des Präsidenten der Vereinigten Staaten in der Kuba-Krise.

Einen vorläufigen Höhepunkt während der Bauzeit erlebte die Kochstraße und mit ihr unser Neubau, als im Juni 1963 John F. Kennedy Berlin besuchte und Sie, Herr Regierender Bürgermeister, zusammen mit Bundeskanzler Konrad Adenauer den Präsidenten auf unser Haus aufmerksam machten mit seinen Spruchbändern »Here at the Wall Hope, Confidence and Faith Build Largest Press Quarters«. Zurückgekehrt nach Washington, schrieb uns der amerikanische Präsident: »Ich war zutiefst beeindruckt, als ich an Ihrem großen Vorhaben an der Mauer vorbeifuhr. Man kann gar nicht anders, als die Entschiedenheit und den Mut zu bewundern, an dieser Stelle Ihr Gebäude zu errichten . . .«

Drei weitere Jahre intensiver Bautätigkeit gingen ins Land. Heute sind Hochhaus und technischer Trakt fertiggestellt, und wir übergeben sie ihrer Bestimmung. Zwei alte Berliner Ullstein-Zeitungen, die 1898 und 1877 – nach anderen Quellen bereits Ende 1876 – gegründeten Blätter »Berliner Morgenpost« und BZ, sind inzwischen in die Kochstraße zurückgekehrt.

Vielleicht waren es die Berliner Taxifahrer, jene liebenswerten, hellwachen und schlagfertigen Bürger unserer Stadt, die das Zeitungsviertel schon entdeckt hatten, als wir noch in großer Einsamkeit hier bauten. Ich war jedenfalls amüsiert dankbar, wenn ich manchmal über den Autofunk die Frage nach dem Wohin von dem Fahrer derart beantwortet hörte: »Ick jeh' bei Axel« oder auch »Ick bin uff Achse zu Axel«.

Lassen Sie mich noch einige Zahlen und Daten nennen: Für

dieses Haus in der Kochstraße arbeiten rund 3000 Menschen. Die Baukosten einschließlich der maschinellen Ausrüstung belaufen sich auf rund 100 Millionen Mark. Außer den schon genannten Zeitungen »Berliner Morgenpost« und BZ erscheinen hier die Hauptstadtausgaben der »Welt«, von »Welt am Sonntag« und der »Bild-Zeitung«.

Wenn ich in dieser Stunde dankbar auf das blicke, was wir hier schaffen durften, und daran denke, was wir mit Gottes Hilfe hier schaffen wollen, wendet sich der Blick beinahe automatisch zurück zu dem, was einstmals hier war: das Zeitungsviertel, das Herz von Berlin, die »Fleet Street« Deutschlands.

Und Namen drängen sich auf, Namen großer Verleger und großer Journalisten. Neben Leopold Ullstein* und seinen fünf Söhnen, die jetzt gewissermaßen meine Ahnherren geworden sind, denken wir an August Scherl**, auf dessen altem Grundstück ein Teil dieses Gebäudes steht, und an Rudolf Mosse***, dessen Druckhaus zum Teil noch heute erhalten ist; es steht direkt vor Ihnen, auf der anderen Seite der Zimmerstraße, auf der anderen Seite der Mauer.

Ebenso aber wie die Namen der großen Verleger kommen die Namen der großen Journalisten ins Gedächtnis zurück: Theodor Wolff, Georg Bernhard, Maximilian Harden, Julius Elbau, Ernst Wallenberg, Carl von Ossietzky, Monty Jacobs, Alfred Kerr – nur einige wenige will ich nennen. Auch Hans Zehrer gehört dazu, der hier in der Kochstraße als Außenpolitiker der

* Leopold Ullstein (1826–1899), Gründer des Ullstein Verlags.
** August (Hugo Friedrich) Scherl (1849–1921), Begründer der »Generalanzeiger-Presse« und Reformator der Nachrichtentechnik in Deutschland.
*** Rudolf Mosse (1843–1920), gelernter Buchhändler, Erfinder der überregionalen Anzeigenakquisition, Verleger des »Berliner Tageblatt«, der »Berliner Volkszeitung« und der »Berliner Morgenzeitung«.

»Vossischen Zeitung« begann und dessen letztes Büro als Chefredakteur der »Welt« wieder hier in der Kochstraße stand. Nächst mir hatte er sich wohl am meisten auf den heutigen Tag gefreut.

Ich nannte eine Reihe von Namen aus der alten Zeit. Wie viele jüdische Mitbürger fanden wir damals unter Verlegern und Journalisten! Als sie nach 1933 ausziehen mußten, war auch das Ende von Freiheit und Menschenwürde im alten Zeitungsviertel gekommen. Die Bomben im Jahre 1944 besiegelten nur den Rest.

Sie, verehrter Herr Professor Arndt*, haben, so glaube ich, etwas Ähnliches gemeint, als Sie in Ihrem großartigen Festvortrag zur Gründung der Deutsch-Israelischen Gesellschaft im Mai dieses Jahres sagten: »Nicht 1945 ging der deutsche Staat in Trümmer, als seine unberechtigten Machthaber entwaffnet wurden; der wirkliche, weil geistige Zusammenbruch Deutschlands ereignete sich 1933, als das Fundament der Solidarität im Mitmenschlichen zerbrochen wurde.«

Lassen Sie mich hinzufügen: Dem Abfall von Gott folgt der Abfall vom Menschen, dem Ebenbild Gottes, auf dem Fuße. Preis und Fluch dieses Abfalls ist die Trägheit des Herzens, jene Sünde, die mit Sicherheit nicht vergeben wird.

Dieses Hochhaus steht auf der Jerusalemer Straße. Auf einem Teil des Bodens, auf dem unser neues Haus errichtet wurde, hat einst die Jerusalemer Kirche gestanden. Die Assoziation mit der Jerusalemer Straße und der Jerusalemer Kirche stellt sich ein, weil ich von einem anderen Projekt berichten möchte – vom

* Adolf Arndt (1904 in Königsberg geboren), Jurist und SPD-Politiker, 1949 bis 1969 Mitglied des Bundestages, 1963 bis 1964 Senator für Wissenschaft und Kunst in Berlin, 1967 Initiator der Hilfsaktion für Israel nach dem Sechs-Tage-Krieg.

Thema der Einweihung scheinbar etwas abschweifend. Es handelt sich um ein Bauvorhaben, das nicht auf dem Boden der Jerusalemer Straße, sondern auf einem Hügel der Stadt Jerusalem selbst geplant ist.

Aus Mitteln der Axel-Springer-Stiftung sollen die Kunstbibliothek und die Archäologische Bibliothek des Israelischen Nationalmuseums mit einem Auditorium und mit Klubräumen für die Internationale Gesellschaft der Freunde des Israel-Museums errichtet werden. Ich freue mich ganz besonders, dies heute hier bekanntgeben zu können. Die Axel-Springer-Stiftung soll der Förderung kultureller Ziele und Einrichtungen im weitesten Sinne dienen. Ich fand es richtig – auch weil ich das Ullsteinische Erbe bewußt angetreten habe –, diese neugeschaffene Stiftung der Öffentlichkeit im In- und Ausland mit einem Vorhaben in Israel vorzustellen. Und ich bin dankbar, daß man dort unseren Beitrag angenommen hat. Ist doch alles, was aus Deutschland kommt – selbst eine Bekundung guten Willens –, in Israel verständlicherweise noch immer und noch lange mit den Schatten der Vergangenheit belastet.

Die Übergabe der Stiftungsurkunde an den Botschafter des Staates Israel, den Zweiten Bürgermeister von Jerusalem und den Direktor des Museums, fand hier im Hause am Morgen des 27. September statt. Der Bürgermeister von Jerusalem, der gleichzeitig Vorsitzender des Museumsausschusses ist, hat in einem Brief die Einweihung des Hauses hier und den geplanten Bau in Jerusalem unter einen gemeinsamen Nenner gestellt. Ich darf Bürgermeister Teddy Kollek von dieser Stelle aus sagen, wie stolz ich darauf bin, daß er meine Absichten so verstanden und gedeutet hat.

Neben der Skizze des Architekten, die den geplanten Bibliotheksbau des Israelischen Museums zeigt, haben wir hier noch ein Ölbild der ganzen Stadt Jerusalem. Es ist das Werk eines der großen Künstler unserer Zeit: das 1930 entstandene Porträt der Stadt Jerusalem von Oskar Kokoschka, das uns das »Institute of Arts« in Detroit freundlicherweise für den heutigen Tag geliehen hat.

Wir alle sind Ihnen dankbar, verehrter Professor Kokoschka, daß Sie heute hierhergekommen sind; ganz besonders dankbar aber bin ich Ihnen dafür, daß Sie auch ein neues Porträt der Stadt Berlin geschaffen haben, dem Sie den Titel »Berlin – 13. August 1966« gegeben haben. Es ist mir eine große Ehre, dieses Ihr Werk heute der Öffentlichkeit vorstellen zu dürfen.

Erlauben Sie mir zum Schluß noch einige Anmerkungen: Ich weiß: Wer da bauet an den Straßen, muß die Leut' über sich reden lassen. Wir handeln im allgemeinen auch nach dieser ebenso einfachen wie richtigen Erkenntnis. Ich gestehe, daß eine andere Einsicht uns bei dieser Haltung oft hilft. Nämlich diese: Die Hunde bellen, die Karawane zieht weiter.

Trotzdem mag ein Tag wie der heutige geeignet erscheinen, über uns selbst etwas auszusagen und dabei auch kurz die Aufgabe der Presse, wie ich sie sehe, zu umreißen – und die politische Haltung unseres Hauses im besonderen: Ich bin der Meinung, daß Zeitungen zwar an der Politik teilhaben, aber nicht Politik machen sollen. Zeitungen haben die Politik zu begleiten, zu erklären, sie zu kritisieren, sie zu fördern. Zeitungen haben zu warnen und Anregungen zu geben. Sie haben eine Meinung zu haben, die der einzelne mag oder nicht mag, aber die Zeitungen dürfen nicht Politik ersetzen wollen. Dies würde zur Zersetzung der Politik führen.

Ich weiß, daß in Zeiten, die politisch führungslos erscheinen mögen, die Gefahr für den Zeitungsmann wächst, über seine ihm angestammte Aufgabe hinauszugehen. Wünschen wir uns auch aus diesem Grunde eine kraftvolle und klare Konzeption der politisch Führenden. Und wünschen wir uns selbst, daß wir immer die Kraft haben werden, die angedeuteten Spielregeln einzuhalten.

Wenn ich noch über die politische Haltung unserer Zeitungen etwas sage, so möchte ich Äußerungen wiedergeben, die ein Außenstehender, ein angesehener Fernsehjournalist, über unser Haus gemacht hat. Ich hätte sie nicht besser formulieren können. Er meinte: »Die Springer-Presse ist nicht regierungstreu, sie ist nur allerdings nicht linkslastig. Wenn es in den vielen und unterschiedlichen Publikationen des Hauses Springer so etwas wie eine für alle verbindliche Linie gibt, würde ich sie nicht regierungstreu, sondern antikommunistisch nennen; und das muß ja wohl noch erlaubt sein! Es ist eine aggressive Torheit, die Springer-Blätter über einen Kamm zu scheren und die so geschorenen Organe mit der groben Vereinfachung »Rechtskurs« abzustempeln. Springer ballt keine parteiischen Kräfte des Extrems, seine Blätter sind eher antinationalistisch; sie treten der Regierung in Bonn oft auf die Zehen, wenn auch nicht aufs Herz. Die Blätter des Hauses Springer sind nicht regierungstreu, sondern staatsloyal – das ist der Unterschied, der heute oft und genußvoll übersehen wird.« Ich habe dem nichts hinzuzufügen.

Ganz zum Schluß noch einmal eine scheinbare Abschweifung ins Private. Der 6. Oktober, das Datum dieser Einweihungsfeier, fällt mit dem Geburtstag meiner Mutter zusammen. Ihr Geist war an Goethe orientiert. Und Jahr für Jahr führte sie ihre Kinder nach Weimar, zeigte ihnen damit jenes Deutschland, dem unwandelbar ihr Patriotismus galt.

»Willst du mit mir hausen, so laß die Bestie draußen.« – Dieses Wort Goethes blieb ihr Leitspruch auch in den dunkelsten Jahren, als die Bestie sich bei uns einrichtete und in den Augen der Welt jene Gleichsetzung mit Deutschland zustande brachte, die uns den Begriff des »häßlichen Deutschen« als Symbol unserer Wesensart eingebracht hat.

»Willst du mit mir hausen, so laß die Bestie draußen.« – Was kann das für uns anderes bedeuten, als eine Nation zu werden, friedlich wiedervereint, getragen von jenem Respekt vor den Völkern dieser Erde, der nur die Frucht des richtig verstandenen Selbstrespekts sein kann?

In diesem Sinn bin ich leidenschaftlicher Patriot. In diesem Sinn sehe ich ein Deutschland, das wieder all unserer Liebe würdig ist. In diesem Sinn habe ich auch immer das schlichte Lied empfunden, dessen Melodie das Leitmotiv jenes deutschen Senders* ist, der hauptsächlich geschaffen wurde, um zu unseren Mitbürgern in der Zone zu sprechen. Die Worte des Liedes, die auch über diesem Haus stehen könnten, heißen:

Ich hab' mich ergeben
Mit Herz und mit Hand
Dir Land voll Lieb' und Leben,
Mein deutsches Vaterland.

* Der 1962 gegründete »Deutschlandfunk«.

Unlust, soweit sie den »Spiegel« betrifft

In einem Brief an den damaligen Chefredakteur des Nachrichtenmagazins »Der Spiegel«, Günter Gaus, erläuterte Axel Springer am 19. März 1970 seine Gründe, die Einladung zu einem »Spiegel«-Gespräch über aktuelle verlagspolitische Fragen abzulehnen. Dieses Interview hatte Günter Gaus in einem Schreiben vom 12. März angeregt. Einige Wochen zuvor hatte die Ankündigung einer Aktienbeteiligung des Hauses Bertelsmann an der Axel Springer Verlag AG, ein Vorhaben, das im Juli desselben Jahres wieder rückgängig gemacht wurde, in der Öffentlichkeit ein lebhaftes Echo gefunden.
Die Absage an den »Spiegel« begründete Axel Springer mit dem Hinweis auf die seit Jahren mit gezielten Unterstellungen und Verleumdungen geführte Kampagne des Hamburger Nachrichtenmagazins gegen ihn und sein Verlagshaus.

Berlin, 19. März 1970

Sehr geehrter Herr Gaus,

für Ihre Einladung zu einem »Spiegel«-Gespräch danke ich Ihnen, zumal deren liebenswürdige und seriöse Form einen eindrucksvollen Kontrast zu dem Jargon bildet, mit dem der »Spiegel« sich leider bisher über meinen Verlag und mich zu äußern pflegte. Ich weiß diese gute Ausnahme von der schlechten Regel durchaus zu schätzen, obwohl die interne Höflichkeit gewiß nicht die veröffentlichten Rufmordversuche kompensieren kann.

Sie versichern freundlicherweise Ihr Verständnis für »eine

etwaige Unlust, öffentlich Auskunft zu geben«, die Sie bei mir vermuten. Andererseits nehmen Sie an, daß ich »Sinn für ein Bedürfnis der Öffentlichkeit auf eine wünschenswerte Klarstellung« habe.

Die »Unlust« gestehe ich ein, soweit sie den »Spiegel« betrifft. Das »Bedürfnis der Öffentlichkeit auf Klarstellung« ist mir bewußt und wird von mir respektiert – nur werden Sie mir sicherlich zustimmen, wenn ich zwischen der Öffentlichkeit und dem »Spiegel« unterscheide.

Zu dem, was Sie in Ihrem Brief »die jüngsten Veränderungen im deutschen Verlagswesen« nennen und was der »Spiegel« eine »Bertelsmann-Kumpanei mit Springer« nannte, haben Verlautbarungen meines Hauses und habe ich selbst in einer Stellungnahme die Klarstellung gegeben, die Ihnen wünschenswert erscheint. Manches davon wäre entbehrlich gewesen, wenn der »Spiegel« nicht zuvor für ein Ausmaß von Unklarheit gesorgt hätte, das zu Ihrem Wunsch in bedauerlichem Widerspruch steht.

Ich zweifle nicht an der Fairneß der formalen Prozedur, nach der die »Spiegel«-Gespräche zustande kommen und veröffentlicht werden, aber ich erwarte Ihr Verständnis dafür, daß ich das Interview, um das Sie bitten, nicht von der Zeitschrift trennen kann, in der es erscheinen soll.

Offen gesagt verwundert es mich, mit welcher scheinbar nahtlosen Glätte der »Spiegel« einen Mann mit unqualifizierten Mitteln verhöhnt und verteufelt und ihn dann mit kaum zu begreifender Unbefangenheit zu einem Gespräch einlädt. Ließe ich mich darauf ein, dann müßte sich die Öffentlichkeit, um deren Aufklärung Sie sich so besorgt zeigen, an ein Catcher-Ensemble erinnert fühlen, das sich auf der Bühne unter die Gürtellinie tritt, um sich danach mit komplizenhaftem Augenzwinkern über die spezifischen Notwendigkeiten des Jobs zu verständigen.

Ich bin kein Catcher, lieber Herr Gaus, und ich möchte Sie, der Sie seit geraumer Zeit für den Inhalt des »Spiegel« verantwortlich zeichnen, nicht durch meine Zusage zu einem solchen stempeln.

Um Ihnen die Motive meiner Absage zu verdeutlichen, habe ich mir einige Proben der Kampagne des »Spiegel« gegen mein Haus und mich in die Erinnerung zurückgerufen, die alle erschienen, seit Sie als einer der beiden Chefredakteure für den Inhalt – und damit wohl auch für die Form – der Beiträge des Blattes verantwortlich zeichnen. Die Methoden des Anschwärzens zeigten sich dabei unabhängig davon, ob mir der Wille zu übermächtiger Expansion oder (das Gegenteil) die Absicht zum »Ausverkauf« unterstellt wurden.

Am 26. Januar 1970 behauptete der »Spiegel«, es verginge kein Tag, an dem sich die Zeitungen meines Hauses nicht bemühten, »mit Nachrichten und Nachrichtenmanipulationen« die gegenwärtige Bundesregierung »zu diskreditieren«. Dieser schweren Beschuldigung folgt kein Beweis.

Der »Spiegel« nennt sich auch heute noch »Das deutsche Nachrichtenmagazin«. Mit diesem Anspruch können ja wohl nur die nicht-gezeichneten Beiträge des »Spiegel« gemeint sein. Am 8. September 1969 stand im »Spiegel«: »Der Spaß hört bei Springer auf, wo das Geschäft beginnt.« Ist das eine Nachricht?

In einem »Bericht« über meine Begegnung mit Bundeskanzler Brandt schrieb der »Spiegel« am 16. Februar 1970: »Getrieben von der Sorge um Deutschland und um sein eigenes Geschäft, hatte Springer schon im Dezember seinen Generalbevollmächtigten Peter Tamm ... vorfühlen lassen, ob Willy Brandt dem Verleger eine Audienz gewähren wolle.«

Ist das eine Information? Es wäre auch dann keine, wenn der sachliche Inhalt dieser Aussage stimmen würde. Denn daß ich von »Sorge um Deutschland und das eigene Geschäft getrieben«

gewesen sei, ist eine ironisch gemeinte Unterstellung, die als Nachricht nur dann mißverstanden werden kann, wenn man die Manipulation verkennt.

Unter dem Anspruch des »Spiegel«, ein »Nachrichtenmagazin« zu sein, fand sich am 5. Januar 1970 die folgende Passage in einem Beitrag über die Umwandlung meines Hauses in eine AG: »Die AG-Satzung umreißt für die Belegschaft noch einmal die heilige Vielfaltigkeit der Springer-Ideologie (Wiedervereinigung, Aussöhnung mit den Juden, Anti-Totalitarismus, soziale Marktwirtschaft).« Diese »Nachricht« ist aus Zynismus und Hohn konglomeriert.

Die Begriffe »Heilige Vielfalt« und »Springer-Ideologie« wären sogar in einer Polemik, die sich keinen Informationscharakter anmaßte, eine grobe Geschmacklosigkeit gewesen, besonders, was den zweiten und dritten der Grundsätze meines Hauses angeht.

Im übrigen: Ist der »Spiegel« nicht für die Aussöhnung mit den Juden, gehört Anti-Totalitarismus nicht zu seinen Grundsätzen, falls er welche haben sollte?

Am 19. Januar 1970 behauptete der »Spiegel«, ich hätte »dem ganzen Riesenkonzern« meine »persönliche Philosophie ... abgezwungen«. Die vier Grundsätze, denen mein Haus verpflichtet ist, gehören aber zu den politischen und moralischen Elementen, an die sich die Bundesrepublik Deutschland dem Sinn ihrer Verfassung nach gebunden hat.

An anderer Stelle des erwähnten »Spiegel«-Beitrages werden diese Grundsätze als »weltanschauliche Ausrichtungen für alle Ewigkeit« bezeichnet, wie es sie, »von der gleichgeschalteten Presse des Dritten Reiches abgesehen«, bisher nicht gegeben habe.

Dieser Vergleich ist, wie Sie, Herr Gaus, ohne Zweifel wissen, beleidigend. Aber Sie haben für ihn verantwortlich gezeichnet.

Es folgt dann ein Vergleich mit Hugenberg, der »die Zügel lockerer« gelassen habe. Auch das ist nur als bewußte Kränkung zu verstehen.

Ob Sie, sehr geehrter Herr Gaus, Bezeichnungen wie »APO-Springer«, »Zeitungs-Tycoon«, »Chef-Theologe« und »Presse-Zeus« als Merkmale eines seriösen Stils eines »Nachrichtenmagazins« verstanden wissen möchten, muß ich Ihnen überlassen. Auch die Behauptung, daß »Hamburger Politiker« als meine »Marionetten erscheinen«, sollten Sie besser selbst – vielleicht mit Hilfe der Politiker? – auf ihren Nachrichtenwert prüfen.

Anders ist es mit der Behauptung Ihres Mitarbeiters Otto Köhler, der nach den gewalttätigen Demonstrationen gegen das Verlagshaus in der Berliner Kochstraße schrieb: »Stacheldraht-Barrieren um sein Hochhaus an der Mauer machten es Ortskundigen schwer, zwischen Ulbrichts und Springers Machtbereich zu unterscheiden.«

Diese perfide Bemerkung war darauf angelegt, die Unterscheidung zwischen dem Stacheldraht einer Diktatur und den polizeilichen Schutzmaßnahmen für ein bedrohtes Zeitungshaus auf dem Boden der Demokratie zu verwischen.

Ähnlich ist es mit dem Bericht von Gerhard Mauz über den Mahler-Prozeß.* Er beschrieb den Polizeischutz, der mein

* Der APO-Anwalt Horst Mahler stand Anfang 1970 unter der Anklage des schweren Landfriedensbruchs und anderer Straftaten in Berlin vor Gericht. Um den Verleger Axel Springer zum »Angeklagten« zu machen, beantragte die Verteidigung seine Vernehmung. Das Gericht selbst lehnte es ab, Axel Springer als Zeugen zu laden, und überließ dies der Verteidigung, da es die vorgelegten Fragen als »überflüssig und für die Entscheidung des Gerichts unerheblich« hielt. Den Zeugenladungen der Verteidigung folgte der Verleger nicht. Zwei Ordnungsstrafbeschlüsse, die die Strafkammer gegen Axel Springer verhängte, wurden später vom Kammergericht wieder aufgehoben. Das Gericht bestätigte, daß Axel Springer mit seiner Weigerung im Recht

Erscheinen vor Gericht begleiten mußte, so: »Vorkehrungen, wie man sie sonst nur gelegentlich des Transports von Verbrechern oder zum Schutz von Diktatoren trifft. Seine Selbstachtung hat einen Schock erlitten.« Hier werden ganz bestimmte Reflexe stimuliert, an denen keine ernste Publizistik interessiert sein kann. Sie und Herr Mauz wissen doch sehr gut, wie unvergleichbar die polizeiliche Begleitung von Verbrechern und der Schutz von Diktatoren mit der Vorsorge sind, die in meinem Falle getroffen werden mußte. Aber der giftige Pfeil des »Spiegel« wurde nicht gegen die Kräfte gezielt, die diese Vorsorge nötig machten, sondern erwartungsgemäß gegen mich.

Woraus und mit welchem Recht schließt Herr Mauz, meine Selbstachtung habe durch den polizeilichen Schutz einen Schock erlitten? Es gibt dafür kein Motiv. Es gäbe aber eines für die Beschädigung der Selbstachtung des Autors, wenn er überdächte, was er da geschrieben hat, und auch eines für die Chefredakteure, die es verantworteten. Schläge unter die Gürtellinie sind – auch wenn sie nicht treffen – geeignet, Zweifel bei denen an sich selbst zu wecken, die sie führen.

Ein letztes Beispiel für die Nachrichtenqualität und Seriosität des »Spiegel«: In der Ausgabe vom 9. Februar 1970 fand sich die »Meldung«, nach der ich »ausgewählte Besucher« in meinem Haus am Falkensteiner Ufer zu »einem altarähnlichen Schrank« führe, auf dem »eine Bibel und eine kleine Nachbildung des Brandenburger Tores liegen«, und daß ich in diesem Zimmer »jeden Abend für die Wiedervereinigung« bete.

war. Der Verteidigung Mahlers war es jedoch noch nach Abschluß der Beweisaufnahme gelungen, die Kammer dazu zu bewegen, den Zeugen Springer herbeizuzitieren. Am 4. und 9. März erschien darauf der Verleger. Wie vorausgesehen, nahm die Verteidigung die Zeugenvernehmung zum Anlaß, die demonstrative Kampagne gegen Springer im Gerichtssaal fortzusetzen.

Wie Sie bereits meiner Gegendarstellung entnehmen konnten, bewohne ich dieses Haus seit acht Jahren nicht mehr und empfing die vom »Spiegel« genannten Besucher vor etwa zwölf Jahren, ohne ihnen das jemals gesagt zu haben, was der »Spiegel« zitiert. Was, sehr geehrter Herr Gaus, ist Nachrichtenmanipulation, wenn nicht das?

Ich hoffe, Sie verstehen jetzt, warum ich Ihrer Einladung zu einem »Spiegel«-Gespräch nicht folge. Auch der Einwand, hier sei nun eine Gelegenheit für mich, im »Spiegel« unmanipuliert zu Wort zu kommen, würde mich nicht überzeugen können. Der »Spiegel« hat sein Urteil – richtiger wohl: sein Vorurteil und seine Verurteilung – gegenüber meinem Verlag und mir vorweggenommen. Was würden Sie von einem Verfahren halten, bei dem die Beweisaufnahme dem Urteilsspruch folgt? Doch sicher nichts.

Das ist ein langer Brief geworden. Aber mir lag daran, Ihnen möglichst genau, nicht zuletzt in angenehmer Erinnerung an frühere Begegnungen, wie z. B. im Hamburger Hotel »Vier Jahreszeiten«, zu sagen und an konkreten Beispielen zu zeigen, warum Ihre freundliche Aufforderung für mich sowohl überraschend als auch unannehmbar ist. Denn bevor wir – jeder auf seine Weise – fortfahren, das »Bedürfnis der Öffentlichkeit an Klarstellung« zu erfüllen, sollten wir untereinander für die nötige Klarstellung gesorgt haben.

Mit den besten Grüßen
Ihr
Axel Springer

Berlin ist die Klammer für beide Teile Deutschlands

Am 5. September 1970 überreichte der Bund der Vertriebenen die Plakette »Für Verdienste um den deutschen Osten und das Selbstbestimmungsrecht« dem Präsidenten des Deutschen Bundestages, Kai-Uwe von Hassel, dem bayerischen Staatsminister für Arbeit und soziale Fürsorge, Fritz Pirkl, dem Sprecher der Ostpreußischen Landsmannschaft und früheren Präsidenten des Bundes der Vertriebenen, Reinhold Rehs, sowie Axel Springer. Auf der Feier, die aus diesem Anlaß im »Haus der ostdeutschen Heimat« in Berlin stattfand, dankte der Verleger im Namen aller Ausgezeichneten. In seiner Rede nahm er die Gelegenheit wahr, zu aktuellen Fragen der Deutschland- und Ostpolitik der Bundesregierung im Zusammenhang mit der Unterzeichnung des deutsch-sowjetischen Vertrages am 12. August 1970 in Moskau Stellung zu nehmen.

Heute fühle ich mich zweifach geehrt: Einmal, und natürlich zuallererst, weil mir hier die Plakette verliehen worden ist »Für Verdienste um den deutschen Osten und das Selbstbestimmungsrecht«. Und zum zweiten, weil ich auch im Namen der anderen heute Ausgezeichneten Dank sagen darf.

Herr Dr. Czaja*, meine Damen und Herren, Ihnen danke ich für die große Ehrung, die Sie uns heute hier zuteil werden ließen. Hier in diesem Haus haben wir vor nicht langer Zeit Ernst

* Herbert Czaja, seit 1970 Präsident des Bundes der Vertriebenen, Mitbegründer der Union der Heimatvertriebenen in der Christlich Demokratischen Union (CDU).

Lemmer*, meinen väterlichen Freund, in seinem Arbeitsraum besucht. Es war mein letztes Zusammentreffen mit Ernst Lemmer – diesem guten Mann, den wir nun begraben haben –, und wie so oft hat dieser Patriot von seiner tiefen Sorge um die Zukunft Deutschlands gesprochen, dabei von bösen Visionen gequält. Er sprach auch davon, daß man den wiederaufgebauten Reichstag mit Leben füllen müsse, mit aktivem parlamentarischen Leben. Über die Nichtnutzung war er verzweifelt und voll Ekel vor politischer Lethargie, Phantasielosigkeit und auch Fehleinschätzung und Feigheit. Dieser Wunsch der Nutzung des Reichstages bleibt ein Vermächtnis Ernst Lemmers, das wir ernst nehmen sollten. Ich bin froh bei dem Gedanken, daß seine irdische Hülle vor der öffentlichen Trauerfeier im Reichstagsgebäude aufgebahrt wurde, der Stätte, wo sein politisches Wirken begann. »Dem Deutschen Volke« steht über dem Wallot-Bau.

Lebte er noch, säße Ernst Lemmer jetzt unter uns. Denn er war immer und überall zugegen, wenn es um Deutschland ging, für Recht und gegen Unrecht. So verstehe ich auch die Haltung des Bundes der Vertriebenen, und deshalb fühle ich mich Ihnen verpflichtet und verbunden.

Wenn ich von Verpflichtung spreche, so möchte ich sie erläutern: Ich stamme aus Schleswig-Holstein, jenem schönen Land zwischen den beiden Meeren, in dem nach dem Kriege eine große Menge Flüchtlinge und Vertriebene Unterschlupf fanden. Wir alle mußten damals beim Punkt Null anfangen. Dennoch war ich mir immer bewußt, wie unvergleichlich viel einfacher

* Ernst Lemmer (1898–1970), Mitbegründer der CDU (-Ost), seit 1947 in West-Berlin, von 1956–1961 Landesvorsitzender der Berliner CDU, gleichzeitig Chefredakteur des »Kurier«, 1956 Bundesminister für das Post- und Fernmeldewesen, 1957 Minister für Gesamtdeutsche Fragen, 1964 Bundesminister für Heimatvertriebene, 1965 Sonderbeauftragter des Bundeskanzlers in Berlin bis 1969.

dieser Anfang – trotz Schutt und Asche – für diejenigen war, die den Aufbau, den Wiederaufbau in vertrauter Umgebung, im Kreise bekannter Gesichter, eben in der Heimat, vollziehen durften. Wieviel einfacher für den, der aus der angestammten Mitte heraus operieren konnte. Vom Heimweh nicht gequält.

Ich wußte und weiß, daß trotz der großen Erfolge, die sich viele von Ihnen aufgrund besonderer Tüchtigkeit erarbeitet haben, kein Lastenausgleich oder ähnliches ein Ersatz für die Heimat sein konnte. Der Mensch lebt eben nicht vom Brot allein.

Ich habe mir immer wieder vorgestellt, wie es wäre, wenn man mich aus meiner Heimat vertrieben hätte und ich gezwungen worden wäre, mir etwa im nicht vertrauten Breslau oder Königsberg, in der Ferne, eine neue Existenz aufzubauen. So habe ich auch Ihre Sorgen, die ja mehr und andere sind als nur wirtschaftliche Sorgen, immer verstanden. Mit Anteilnahme und großem Respekt.

Ihrer Flucht und Ihrer schmerzlichen Vertreibung gingen, auch das dürfen wir in einer solchen Stunde nicht vergessen, Vertreibung und Flucht anderer voraus. Sie wissen, wen ich meine: die während der Jahre des Nationalsozialismus aus rassischen oder politischen Gründen Verfolgten, vor allem die von ihren deutschen Mitbürgern verjagten Juden – von den Ermordeten ganz zu schweigen.

Auch sie waren Deutsche, die man aus der angestammten Heimat vertrieb, und wo sie landeten, in der Fremde, sprach man nicht einmal mehr ihre Sprache, die deutsche Sprache.

Die Worte August Wilhelm von Schlegels gelten für sie:

Und nun irr' ich in der Ferne
freudelos von Ort zu Ort
und vernähm', ach, wie so gerne,
nur ein einzig deutsches Wort.

Und Franz Werfel, selbst deutsch-jüdischer Flüchtling, hat es noch stärker ausgedrückt:

Ich selbst, ohne Volk, ohne Land,
stütz' nun meine Stirn in die Hand.

Einige von denen, die wir vertrieben, zusammen mit den Kindern, Schwestern und Brüdern derer, die in unserem Namen umgebracht wurden, haben ihren eigenen Staat errichtet, haben sich eine neue Heimat, nämlich Israel, geschaffen – eine zweitausendjährige Sehnsucht erfüllend.

Ich bin zutiefst davon überzeugt, daß es eine heilige Pflicht der Deutschen ist – und ich sage es immer wieder –, jenen von uns vertriebenen Menschen und deren Nachkommen beizustehen, um zu verhindern, daß in einer neuen Vernichtungswelle wiederum Millionen umgebracht werden.

Ich hoffe sehr, ja, ich bin davon überzeugt, daß ich für diese Haltung bei Ihnen Verständnis finde.

Nur demjenigen ist doch wohl erlaubt, heutiges Unrecht anzuprangern, den das von uns vielleicht im Einzelfall nicht begangene, aber doch zumindest auch nicht verhinderte Unrecht zeit seines Lebens nicht mehr ganz ruhig schlafen läßt.

Wir haben uns in der alten Hauptstadt anläßlich des »Tages der Heimat« getroffen. Über Berlin möchte ich einige Worte sagen dürfen und auch, weshalb ich, der Mann aus Schleswig-Holstein und Hamburg, das Herz und den Kopf meines Unternehmens in die alte deutsche Hauptstadt verlegt habe.

Berlin ist für mich mehr als nur der am weitesten vorgeschobene Posten der freien Welt, so wichtig das auch ist. Berlin ist für mich auch mehr als nur eine Oase der Freiheit, die zweieinhalb Millionen Menschen ein menschenwürdiges Dasein ermöglicht, so dankbar man dafür sein muß. Für mich ist Berlin, selbst das zweigeteilte Berlin, die Klammer, die noch immer die beiden Teile Deutschlands zusammenhält.

Wir dürfen Berlin und den Berlinern nicht die Vision rauben, einmal wieder praktizierende Hauptstadt zu werden. Auch für Berlin gilt: Es lebt nicht vom Brot allein. Würde sich etwa mit der Minderung der Bundespräsenz, die ja trotz aller Halbdementis im Gespräch ist, das Engagement des Staates, der Bundesrepublik, in Berlin lockern, so hätte das ohne Zweifel schlimme Auswirkungen auf das wirkliche Leben in der Stadt, auf die Wirtschaft, die die Stadt lebensfähig erhält. Und Berlin lebensfähig, »viable«, zu erhalten, ist doch eines der drei »Essentials«*, der unverrückbaren Bedingungen, die die Amerikaner noch unter Präsident Kennedy aufgestellt haben und von denen sie nur abrücken, wenn wir sie selbstmörderisch dazu animieren.

Ich habe die große Sorge, daß man in Bonn und sogar im Schöneberger Rathaus auch in der Berlin-Frage hofft, durch eine Art Wohlverhalten die andere Seite beschwichtigen zu können. Das hat sich aber, wie wir wissen, bei Diktaturen noch nie ausgezahlt.

Ich brauche nicht an die Jahre zu erinnern, die dem Ausbruch des Zweiten Weltkrieges vorausgingen, wo eine verblendete Welt glaubte, durch Nachgeben, durch Wohlverhalten gegenüber Hitler den Frieden retten zu können. Ich darf aus unseren Tagen George Kennan** zitieren: »Die Russen«, meint dieser

* Die »Three Essentials« wurden 1958 nach dem Chruschtschow-Ultimatum von den westlichen Alliierten in öffentlichen Erklärungen formuliert und drei Jahre später, am 25. Juli 1961, von US-Präsident John F. Kennedy in seiner Botschaft an die Nation präzisiert: 1. das Recht der Alliierten auf Anwesenheit in Berlin; 2. die Aufrechterhaltung des freien Zugangs nach Berlin; 3. die Bewahrung der Lebensfähigkeit Berlins und der Freiheit seiner Bewohner.
** George F. Kennan, Jahrgang 1904, amerikanischer Diplomat und Historiker.

beste Sowjetkenner unserer Zeit, »erkennen Unentschlossenheit und gutmütige Toleranz sehr schnell und nutzen sie sofort zu ihren Gunsten aus.«

Noch immer gilt für die Sowjets Lenins Wort: »Wer Berlin hat, hat Deutschland, wer Deutschland hat, hat Europa.«

Deshalb geht es hier in Berlin um mehr als nur um die Verbesserung der Zugangswege mit allem Drum und Dran, um mehr sogar als die Herstellung einer einseitigen Durchlässigkeit der Mauer oder um Telefonverbindungen zwischen den beiden Teilen. – Im Grunde lauter Selbstverständlichkeiten.

Aber für ein Linsengericht gibt man nicht das Erstgeburtsrecht auf. Lassen Sie es mich ganz deutlich sagen, auch zu meinen Berliner Freunden: Niemandem ist damit gedient, aus Berlin lediglich eine mehr oder weniger gesicherte Rentnerstadt zu machen!

Wer Berlin in seiner wahren politischen Bedeutung aufgibt, gibt Deutschland auf. »Durch die Haltung zur Hauptstadt«, so formulierte der heutige Bundeskanzler im Jahre 1957, »konnte, kann und könnte nämlich nachgewiesen werden, wie ernst wir es mit dem Anspruch des Volkes auf seine Einheit nehmen.«

Das alles wußten wir, als wir, applaudiert von dem damaligen Regierenden Bürgermeister Willy Brandt, die Zentrale des Verlagshauses Axel Springer Schritt für Schritt und endgültig nach Berlin legten und das große Haus zentimeterdicht an die Mauer bauten.

Damals schrieb der heutige Bundeskanzler an mich wie folgt: »Ich wollte Ihnen auf diesem Wege nur ein Wort meiner persönlichen und amtlichen Freude über Ihre Pläne in Berlin sagen. Sie werden sicher nichts dagegen haben, wenn wir Sie als ein Beispiel deutscher Investitionen in Berlin bezeichnen werden.«

Das war am 11. Januar 1963. Für uns gilt das auch heute noch. Denn wir wissen, daß 25 Jahre nur ein kurzer Stoßseufzer der

Geschichte sind. Für uns gelten überhaupt viele Worte, die einmal gesagt worden sind und die man heute aus anderem Munde nicht mehr hört.

Lassen Sie mich noch ein anderes zitieren, diesmal zu einem Ihnen besonders nahestehenden Thema: »So wie der ›Tag der Heimat‹ zur Tradition geworden ist, sind auch die Angriffe gegen diesen Tag zur Tradition geworden. Dazu stelle ich fest: Kundgebungen, durch die um das Recht gerungen wird, gefährden den Frieden nicht. Und hier ging es im Laufe der Jahre immer wieder um die Menschenrechte, um das Selbstbestimmungsrecht, um das Heimatrecht.«

Auch dieses Zitat stammt von Willy Brandt, dem ich in vielen Berliner Jahren nahestand; es ist einer Rede entnommen, die er auf den Tag heute vor fünf Jahren hier in Berlin zum »Tag der Heimat« gehalten hat.

Ist plötzlich nicht mehr richtig, was vor kurzem noch selbstverständlich war? Ist Recht nicht mehr Recht und Unrecht nicht mehr Unrecht?

Wer heute noch solche Dinge sagt, die Willy Brandt und Herbert Wehner und Otto Suhr und Ernst Reuter und Erich Ollenhauer vor Jahren dankenswerterweise gesagt haben, den nennt man, wenn er Glück hat, einen ewigen Gestrigen. Meistens schimpft man ihn einen Nationalisten, und von da zum Revanchisten, Faschisten und Neonazi ist ja nur noch ein kurzer Schritt. Auch mir ist keine Beleidigung erspart geblieben.

Als wir vor vier Jahren, am 6. Oktober 1966, wenige Meter von hier unser Verlagshaus einweihten, habe ich versucht zu erklären, was ich unter Vaterlandsliebe, unter Patriotismus, verstehe. Dazu stehe ich heute ebenso wie damals. Von dieser Sicht aus habe ich nicht nur, wie jeder Bürger, das Recht, ich habe die Pflicht, mich zu äußern, wenn die Dinge einen meiner Meinung nach verderblichen Weg gehen.

So will ich auch nicht schweigen zu dem Vertrag*, der fast datumsgleich mit dem neunten Jahrestag der Errichtung der Berliner Mauer in Moskau unterzeichnet wurde.

Ich kann und will es nicht verhehlen, daß der Vertrag von Moskau mir mehr Befüchtungen als Hoffnungen, mehr Sorge als Zuversicht zu begründen scheint.

Wer den Text und die Unterschriften mit moralischen Maßstäben mißt, kann der atembeklemmenden Erkenntnis nicht entgehen, daß dort im Kreml eine deutsche Bundesregierung Unrecht signierte und Zerstückelung sanktionierte.

Dabei unterstelle ich der gegenwärtigen Bonner Regierung keine unlauteren Motive. Ich kenne so ziemlich alle Akteure persönlich und bin davon überzeugt, daß die, die auf deutscher Seite am Zustandekommen dieses Vertrages mitwirkten und ihre Namen daruntersetzten, »nur das Beste wollen«, wie man so zu sagen pflegt.

Sie hoffen wahrscheinlich darauf, daß der Kompromiß mit dem Unrecht, den sie geschlossen haben, auf sowjetischer Seite einen Kompromiß mit dem Recht erzeugen wird. Aber gerade darin liegt ja, so meine ich, der verhängnisvolle Irrtum.

Die Geschichte – und auf besonders drastische und tragische Weise die deutsche Geschichte – lehrt, daß Kompromisse dieser Art immer nur der zynischen Gewalt Vorteile verschaffen. Die Moral läßt sich nicht fortschicken, wenn sie stört, und rufen, wenn sie zweckmäßig erscheint.

Oder ist es falsch, moralische Maßstäbe anzulegen? Ist, wer es tut, ein Narr? Dann müßten alle, die sich aus moralischen Motiven gegen das Unrecht der Nazis auflehnten, Narren gewesen sein. Die Torheit lag aber bei denen, die damals versuchten, die

* Unterzeichnung des deutsch-sowjetischen Vertrages am 12. August 1970 in Moskau.

Moral zu suspendieren, und glaubten, die braune Gewalt im taktischen Kompromiß zähmen oder versöhnen zu können. Diese Versuche erwiesen sich bekanntlich nicht nur als moralisch gebrochen, sondern – um es untertreibend zu sagen – auch als unpraktisch und wirklichkeitsfremd.

Diese Lektion hat die Welt 50 Millionen Tote, unser Volk seine Einheit, 10 Millionen Landsleute ihre Heimat und 17 Millionen Deutsche ihre Freiheit gekostet. Diese Lektion ist zu teuer bezahlt worden, um sie nicht gelernt zu haben.

So richtig es ist, daß es damals keine Kollektivschuld gegeben hat, so richtig ist es auch, daß es eine Kollektivhaftung gibt. Sie bedeutet die gnädige Chance der Geschichte, es besser machen zu können, wiedergutzumachen.

Das Unrecht von heute, das aus dem Unrecht von damals entstand, darf für eine freie deutsche Regierung nicht Objekt des diplomatischen Respekts, der vertraglichen Zustimmung und der Pläne für die Zukunft sein. Wer darin einen Erfolg sieht, täuscht sich und andere. Die Bundesregierung hat bisher diesen Erfolg nur behauptet, aber nicht benannt.

Wird die Breschnew-Doktrin*, unter der die Völker der sowjetischen Kriegs- und Nachkriegsexpansion leiden, durch diesen Vertrag gebrochen oder auch nur gemildert? Nein! Sie wurde bekräftigt!

Kommt unser Vaterland durch diesen Vertrag seiner Einheit näher? Nein! Die Teilung wurde »festgeschrieben«. Aus Demarkationslinien wurden Grenzen gemacht.

Breschnew, der Parteichef der KPdSU, ist natürlich sehr zufrieden. Vor kurzem meinte er in Kasachstan, der Vertrag enthalte »eine klare, unzweideutige Anerkennung der Unverletzlich-

* Doktrin von der beschränkten (von Moskau abhängigen) Souveränität der sozialistischen Staaten.

keit der Grenzen in Europa einschließlich der Oder-Neiße-Linie und der Grenze zwischen der Bundesrepublik Deutschland und der Deutschen Demokratischen Reupublik«. Die Sowjets wußten von Anfang an, was sie wollten, und sie haben es auch bekommen.

Gewaltverzicht ist gut und durchaus moralisch. Der Deutsche Bundestag und deutsche Bundesregierungen haben ihn längst feierlich beschlossen, verkündet und bewahrt, ebenso wie der Gewaltverzicht zu den Grundsätzen des Bundes der Vertriebenen gehört. In Moskau jedoch wurde die Unverletzlichkeit von sogenannten Grenzen unterzeichnet, an denen Menschenrechte verletzt werden. Es wurde die Unantastbarkeit von Grenzen unterschrieben, an denen die Menschenwürde nicht nur angetastet, sondern gebrochen wird.

Wir sollten nicht vergessen, daß die kommunistischen Machthaber jeden, der unbewaffnet, also gewaltlos, diese Grenzen zu passieren versucht, einen »Grenzverletzer« nennen und auf ihn schießen lassen. Das ist es, was dort unter »Unverletzlichkeit« jener Grenzen verstanden wird. Die deutsch-sowjetische Vereinbarung über Verzicht auf Gewalt schließt diese Gewaltanwendung nicht aus. Schlimmer noch: Sie schließt sie ein.

Ich frage mich auch, wie dieser Vertrag auf unsere Verbündeten wirken muß, die wir jahrzehntelang beschworen haben, dem zu widerstehen, was eine deutsche Regierung jetzt im Kreml schwarz auf weiß anerkannte.

Es mag in den westlichen Hauptstädten diesen und jenen geben, der sich von einer lästigen Bürde befreit fühlt. Das ist nur natürlich. Einen Erfolg aber möchte ich das nicht nennen! Denn außer den moralischen Brüchen, die das bedeutet, kann es uns und unsere westlichen Partner teuer zu stehen kommen, wenn die sowjetische Hegemonie in Europa – mit dem Vertrag von Moskau winkend – an die Ernte dessen geht, was da gesät wurde.

Ich kann nicht erkennen, warum dieses Papier mehr Sicherheit bedeuten soll.

Am Verzicht der Bundesrepublik auf Gewalt konnte schon vorher kein Zweifel bestehen – nicht einmal in Moskau. Und daß die Sowjetunion auf militärisch-expansive Gewalt über ihr Herrschaftsgebiet hinaus bisher verzichtete, haben wir der NATO zu verdanken.

Dieses Bündnis würde aber, wenn dieser Vertrag in Kraft treten sollte, Schaden nehmen, und ich glaube nicht, daß uns in Zukunft das deutsch-sowjetische Papier im Bonner Tresor die Anwesenheit amerikanischer Truppen in Europa ersetzen könnte.

Ich fragte einmal einen mir gut bekannten sozialdemokratischen Verteidigungsfachmann, was sein würde, wenn die Amerikaner Europa verlassen würden. Tot wären wir, meinte er. Und die Amerikaner werden gehen, wenn die Auswirkungen des Moskauer Vertrages erst klar werden.

Was wir aus Bonn zum Lobe dieses Vertrages hören, sind Worte und Begriffe, denen wir uns alle – wenn sie nur die rechte Bedeutung haben – verpflichtet fühlen: Frieden und Ausgleich mit den Völkern Osteuropas.

Es ist einfach perfide, den sachlichen Kritikern dieses Vertrages zu unterstellen, sie wollten diese Ziele nicht. Es ist doch so: Weil wir diese Ziele aus ganzem Herzen und mit vollem Verstande wollen, weil wir wissen, welch unsagbares Leid wir Deutschen unseren Nachbarn im Osten, also auch dem russischen Volk, gebracht haben, darum erschrecken wir vor diesem Vertrag, der eine europäische »Friedensordnung« präjudiziert, die die Völker Osteuropas und ein Drittel unseres Volkes der Gewalt der Diktatur verschreibt.

Frieden ist in Jahrhunderten schon oft berufen, beteuert, beschworen worden. Es genügt nicht mehr, dieses Wort zu gebrauchen, es muß auch ganz genau gesagt werden, was man darunter versteht. Es muß auch erklärt werden, wie denn der Ausgleich mit den Völkern des Ostens gelingen soll, solange die Adressaten unserer Bemühungen notwendigerweise die kommunistischen Regierungen sind, in deren Gewalt sich diese Völker befinden.

Als einer der großen Vorzüge des Moskauer Vertrages wird die Möglichkeit genannt, nun auch mit Polen, Ungarn und der Tschechoslowakei diplomatische Beziehungen aufzunehmen. Aber Beziehungen sind deshalb noch nicht gut, nur weil sie diplomatisch sind. Ich bin nicht gegen solche Beziehungen, aber ich bin dagegen, daß sie den Unterschied zwischen den Völkern und den Regierungen ignorieren. Es ist leider nicht so, daß wir dem polnischen Volk näherkommen, wenn wir der Regierung in Warschau nähergekommen sind.

Ist es denn nicht vielmehr so, daß die kommunistische Zwangsherrschaft, unter der das polnische Volk leidet, auch eine Folge des Unrechts ist, das in deutschem Namen an Polen begangen wurde? Die Wurzeln des Unglücks, das Polen an die Kette des sowjetischen Imperialismus legte, liegen in deutscher Schuld. Können wir wiedergutmachen, indem wir dieses Unglück unterschreiben? In den letzten vierzehn Tagen flüchteten allein aus Polen zwanzig Menschen über die Ostsee in die dänische Freiheit.

Und dürfen wir es einfach augenzwinkernd übersehen, daß Tausende von polnischen Juden aus ihrer Heimat vertrieben wurden, während unser Unterhändler in Warschau Zusammenarbeit anbot? Nicht obwohl wir wissen, sondern gerade weil wir wissen, wie Deutsche an Juden gesündigt haben, müßte uns der kommunistische Antisemitismus alarmieren. Es gibt heute eine antisemitische Achse Moskau–Warschau–Ost-Berlin.

Ich würde hier nicht stehen, wenn das Wort vom »Revanchismus« der Vertriebenenverbände keine Verleumdung wäre. Mit dem Vorwurf des »Revisionismus« ist es komplizierter. Um eine Revision des Unrechts bemüht zu sein gehört zu den Pflichten des Gerechten. Und wo es heute nicht möglich ist, muß er es morgen versuchen. Das ist ein moralisches Gebot. Und wo es noch nicht Wirklichkeit werden kann, haben wir unseren Vorbehalt anzumelden, friedlich und mit den besseren Argumenten.

Es ist viel die Rede vom Vertrauen, das wir bei den Völkern Osteuropas wiedergewinnen müssen. Ja, darauf kommt es gewiß an. Aber der beste Weg, Vertrauen zu begründen, ist, glaubwürdig zu werden, zu sein und zu bleiben.

Unglaubwürdig aber werden wir, wenn wir aus falscher Taktik einen Ausgleich anbieten, der Unrecht einschließt. Unglaubwürdig wird, wer unseren Landsleuten, die vor 25 Jahren vertrieben wurden, den Mund verbieten will, wenn sie vom Recht auf Heimat sprechen. Auch das polnische Volk würde das wohl nicht verstehen, denn es ist ein patriotisches Volk.

Wir verstehen, daß die anektierten deutschen Ostgebiete für die jungen Polen, die dort geboren sind, Heimat bedeuten. Warum sollten sie aber nicht verstehen, daß dieses Land für die deutschen Vertriebenen erst recht Heimat bedeutet? Vielleicht könnte uns gerade dieses gemeinsame Verstehen, wenn nicht jetzt alles präjudiziert und zerstört wird, eines Tages auch einen gemeinsamen Weg finden lassen.

Das Recht auf Heimat, sagte ich. Auch die polnischen Juden, die in unseren Tagen vertrieben wurden, haben ein Recht auf Heimat. Auch das Volk Israels, dessen Existenz heute mit sowjetischen Waffen bedroht wird, hat ein Recht auf Heimat.

Auch die Polen, die aus den von Sowjetrußland geraubten polnischen Ostgebieten vertrieben wurden, haben ein Recht auf Heimat. Sehnsuchtsvoll geht ihr Blick dorthin, und es ist besonders schmerzlich, zu wissen, daß es der Hitler-Stalin-Pakt vom

August 1939 war, der den Raub der polnischen Ostprovinzen durch die Sowjets ermöglichte.

Die Oder-Neiße-Linie als endgültig anzuerkennen, muteten uns nicht einmal die Siegermächte in der Stunde der Kapitulation zu. Warum sollten wir also nicht – in all unserer selbstverständlichen Friedfertigkeit – eine Option auf die deutschen Ostgebiete wahren?

Was wir erstreben müssen, ist eine wahre Friedensgrenze zwischen Deutschland und Polen. Solange die Zeit dazu nicht reif ist, muß ein Politiker warten können. Denn Ungeduld in der Politik bringt immer Unheil.

Es ist doch seltsam, daß oft gerade diejenigen, die die endgültige und absolute Annexion dieser Gebiete durch Polen und die Sowjetunion unterstützen, in der vorläufigen Besetzung arabischer Gebiete durch Israel ein gefährliches Präjudiz sehen.

Und nun die Haltung gegenüber der Tschechoslowakei, dem Land, das unter der deutschen Besatzung gelitten hat und das seit zwei Jahren an einer Invasion leidet, an der wieder deutsche Truppen beteiligt waren. Auch hier wäre es Unrecht, das Bewußtsein vom Unterschied, ja vom Gegensatz zwischen Volk und Regierung zu verdrängen.

Wenn die Bundesregierung jetzt – mit Hilfe des Moskauer Vertrages – einen Ausgleich mit der Tschechoslowakei sucht, wendet sie sich – notgedrungen, wie ich weiß – an eine Regierung der brutalen Unterdrückung, schließt sie ihre Verträge mit den Gehilfen Moskaus. Sie geht dabei nicht nur von den tragischen Realitäten des tschechoslowakischen Schicksals aus, sondern sie geht einen Bund mit den Vollstreckern dieser Tragödie ein. Wer hätte Zynismus genug, das als »normale Beziehungen« zu bezeichnen?

Was wird überhaupt »normal« sein, wenn es darum geht, diesen Verträgen echte Inhalte zu geben?

Ja, wenn wir wenigstens erwarten könnten, daß dann Hunderttausende ungarischer, polnischer und tschechoslowakischer junger Menschen zu uns in die Bundesrepublik reisen könnten, um zu sehen und zu hören, wer wir sind und wie wir sind. Wenn wenigstens die Arena frei würde für den Wettbewerb der Ideen, für eine geistige Auseinandersetzung der Systeme, eine Begegnung der Völker, ohne die es keinen Ausgleich gibt!

Aber nein, das wird uns nicht einmal in Aussicht gestellt. Wir wissen auch, warum nicht. Wir kennen die Gründe der kalten Angst kommunistischer Regierungen vor der Überlegenheit der freiheitlichen Ordnungen, einer Angst, die Beweis dafür ist, daß diese Regierungen als Partner eines Ausgleichs, der diesen Namen verdient, untauglich sind.

Die forcierte Ostpolitik der Bundesregierung ignoriert das. Sie macht sich also Illusionen, während sie sich auf ihren Realismus beruft und nicht wahrhaben will, daß die Kritiker des Vertrages mehr Wirklichkeitssinn beweisen.

Es wäre das Ende jeder Politik, die im Namen der Freiheit betrieben wird, wenn wir die Gewalt der Diktaturen als unabänderlich hinnehmen wollen. Erinnern wir uns doch: Die Erhebung unserer Landsleute vor siebzehn Jahren, der Aufstand der Ungarn vor 14 Jahren, die Unruhen in Polen, die ihm vorausgingen, die Signale des Prager Frühlings vor zweieinhalb Jahren, die unsichtbare Opposition in den kommunistischen Zentralkomitees, die Auflehnung der russischen Schriftsteller, die Entdekkung der Freiheit in Togliattis politischem Testament*, die Auseinandersetzung in den kommunistischen Parteien Westeuro-

* Memorandum des italienischen KP-Chefs Palmiro Togliatti (1893-1964) zur Lage des internationalen Kommunismus, in dem er kurz vor seinem Tod die Autonomie der einzelnen kommunistischen Parteien als wesentliche Bedingung für die Entwicklung des Kommunismus unter den gegenwärtigen Verhältnissen bezeichnete.

pas – das alles zeigt, daß die Dogmatiker der Ideologie und die Praktiker der Gewalt keine Ruhe haben werden. Sollen wir, die Freien, ihnen diese Ruhe vertraglich garantieren?

Wie steht es überhaupt mit der Haltung der an Mitgliedern stärksten deutschen Partei zum Kommunismus? Gilt das Wort des Bundesgeschäftsführers der SPD, Hans-Jürgen Wischnewski, der nach wie vor die politische Auseinandersetzung mit dem Kommunismus für geboten hält und zum Moskauer Vertrag meint, dieser sei »ein Vertrag zwischen zwei Staaten und nicht eine Vereinbarung zwischen zwei verschiedenen Weltanschauungen und Gesellschaftssystemen«?

Oder gilt das Wort des SPD-Fraktionsführers, Herbert Wehner, der vor seinem Abflug nach Belgrad Anfang dieser Woche gesagt hat, seine Partei und die Kommunistische Partei, die er in Jugoslawien besuchen werde, seien an einer Reihe von Fragen gemeinsam interessiert, unter anderem »an einer schrittweisen Überwindung der Vorurteile, die von früher bei den Sozialdemokraten gegenüber den Kommunisten und bei den Kommunisten gegenüber den Sozialdemokraten bestehen«?

Was also gilt, politische Auseinandersetzung oder Abbau von Vorurteilen?

Die kommunistische Hauptmacht, die Sowjetunion, hat sich bisher nur dann an die allgemeingültigen Gesetze und die selbst übernommenen Verpflichtungen gehalten, wenn es in ihre Pläne paßte. Diese Diktatur kennt nur sich selbst, ihren Anspruch auf Herrschaft.

Dämonische Gewalten und Mächte, die in der Freiheit ihren Todfeind und ihre ärgste Bedrohung sehen, wie der Nationalsozialismus es tat, wie es der Kommunismus tut und wie viele Gewaltregime es zuvor getan haben, die sich ebenfalls als Heilsbringer und Erlöser aufspielten – sie alle sind luziferischen Charakters.

Solchen luziferischen Gewalten den ursprünglich guten Willen zu bestreiten, heißt, sie zu verkennen. Ihren Himmelssturz, ihren Verrat an den eigenen Zielen, ihre Flucht in die Gewaltanwendung, ihre Negierung der Wahrheit zu sehen, heißt, sie in ihrem eigentlichen Wesen erkennen.

Wir können nur hoffen auf Wandlung, ohne uns vorher verschlingen zu lassen. Nur in der Religion, im Rückbesinnen auf das Eigentliche, liegt die Chance zum Frieden auf dieser Welt. Er setzt die Liebe zum Nächsten voraus.

Als die deutsche Delegation in Moskau ihren Vertrag mit dem kommunistischen Establishment feierte, war der russische Schriftsteller Amalrik*, der seinem Lande eine Revolution vorausgesagt hat, auf dem Weg ins Straflager. Sein Kollege Ginsburg**, von dem ein Tonband in den Westen kam, war in das berüchtigte Wladimir-Gefängnis eingeliefert worden. Andere Schriftsteller, die den Mut zum Widerspruch hatten, saßen in sowjetischen Irrenhäusern, während die Tinte auf dem Vertragspapier trocknete. Ein wahrhaftig vielsagender Hintergrund zum offiziellen Zeremoniell.

Diese Menschen, die unter Gefahr für Leib und Leben den Wandel erstreben, den unsere Annäherung an die Gewalt nicht schaffen kann, werden sich durch die deutsche Unterschrift unter eine unerträgliche Wirklichkeit entmutigt fühlen. Sie hatten nein gesagt, wo die Bonner Regierungspolitik jetzt ja sagt.

Verzicht auf Gewalt? Ja. Aber kein Verzicht auf die Macht, die der Überzeugung von Recht und Menschenwürde innewohnt.

* Andrej Almarik, Jahrgang 1938, Schriftsteller und Dramatiker, einer der schärfsten sowjetischen Kritiker des Systems.

** Alexander Ginsburg, 1968 zu fünf Jahren Freiheitsentzug verurteilt und ins sibirische Lager Potma eingeliefert. Wegen eines dort von ihm besprochenen Tonbands erhielt Ginsburg Haftverschärfung und wurde ins Wladimir-Gefängnis überführt.

Ausgleichen mit dem Osten? Dreimal ja! Aber nicht durch »Wohlverhalten« gegenüber Diktatoren. Denn es ist nicht verheißungsvoll, von Breschnew und Ulbricht gelobt zu werden, solange die Hunde an der Berliner Mauer jene verbellen, die dorthin schleichen, um in die Freiheit zu gelangen.

Es wird auch gesagt, zu den Vorzügen des Moskauer Vertrages gehöre die Bekräftigung der UNO-Charta, auf die der Vertrag sich beruft, und der Umstand, daß die sowjetische Regierung sich nicht weigerte, einen Brief entgegenzunehmen, in dem von der deutschen Selbstbestimmung die Rede ist.

Aber die Charta der Vereinten Nationen hatten die Sowjets schon vor mehr als einem Vierteljahrhundert unterschrieben – was sie allerdings nicht hinderte, die Menschenrechte, denen sie sich damit verpflichtet hatten, vielfach und schrecklich zu brechen. Werden sie damit nun aufhören, nur weil ein neues Papier sich auf das alte beruft?

Gibt es irgendeinen Anhaltspunkt dafür, daß die Sowjetunion nach dem Händeschütteln in Moskauer Palästen die deutsche Selbstbestimmung anders interpretiert, als sie das – nicht weit von diesem Hause jenseits der Mauer – seit 25 Jahren und auch zu dieser Stunde tut? Kein Trinkspruch, keine Verbeugung vor der Gewalt wird daran etwas ändern.

Vor über hundert Jahren schilderte ein italienischer Schriftsteller in seinem Roman »Bekenntnisse eines Achtzigjährigen«* den Verfall des tausendjährigen Venedig: »Die Herren wollten sich gar die Nägel beschneiden, damit sie nicht in Versuchung fielen, dem, der sich anschickte, sie zu erdrosseln, etliche Kratzer zuzufügen!« Bittere, aktuelle Ironie!

* »Pisana oder die Bekenntnisse eines Achtzigjährigen«, Roman von Ippolito Nievo, 1857–1858 entstanden, 1867 in Florenz, 1957 in deutscher Übersetzung erschienen.

Uns, die wir zu einer solchen Haltung nicht neigen, denunziert man, die Zeichen der Zeit nicht zu verstehen. Man versucht, uns mit der Prophezeiung zu erschrecken, wir verpaßten den Anschluß an das ganz Neue. Kapitulation vor dem Unrecht aber ist nicht neu.

Man beschuldigt uns, Nationalisten zu sein, wenn wir die Teilung unseres Vaterlandes anfechten und uns weigern, die Fremdherrschaft über unsere Landsleute anzuerkennen.

Man bezichtigt uns der Störung des Friedens, weil wir die Unterschrift unter die Konzepte der Despotie ablehnen.

Wir werden das zu ertragen haben – wenn auch nicht widerspruchslos. Denn im Gegensatz zu den Menschen in den östlichen Zielgebieten des Moskauer Vertrages haben wir das Recht zu widersprechen. Nicht nur das Recht, sondern auch – im Namen derer, die schweigen müssen – die Pflicht. Deshalb tue ich es heute zu meinem Teil.

Statt eines Dankes mit Feststimmung mußten Sie sich eine ernste, von politischer Sorge erfüllte Rede anhören. Eine Rede, die man heute aber wohl nicht anders halten darf.

Wenn ich zum Schluß komme, will ich mich doch noch etwas dem Feiercharakter einer solchen Stunde anpassen. Dabei müssen Sie mir erlauben, ein Lehen zu nehmen bei jemandem, der des Wortes weit mächtiger ist als ich, bei einer großen, aufrechten Dichterin unserer Zeit. Erlauben Sie mir zu zitieren aus dem Gedicht »Deutsches Leid« von Gertrud von le Fort*:

* Gertrud von le Fort, geboren 1876, deutsche Lyrikerin, Erzählerin und Essayistin, die in streng katholischer Glaubenshaltung vorwiegend religiöse Themen in meist historischem Gewand behandelt.

Und ob sich draußen weiten
noch Länder froh und gastbereit,
und ihre Arme breiten
wie fremder Mütter Lindigkeit:

Ich würde doch entbehren
bei ihres reichen Tisches Brot,
ich würde mich verzehren
nach meiner Heimat bittrer Not.

Ich stünde doch in Ketten
mitten im festlich hohen Saal,
ich könnt' mich niemals retten
vor meines Volkes Schuld und Qual.

Mir bräche doch in Scherben
des vollen Bechers Prunkgerät,
ich müßte dennoch, dennoch sterben,
wenn Deutschland untergeht.

Frieden gegen die Gewalt oder Frieden mit der Gewalt?

Die sozialdemokratische Wochenzeitung »Berliner Stimme« veröffentlichte im September 1970 einen Briefwechsel zwischen dem Berliner SPD-Bundestagsabgeordneten Kurt Mattick und Axel Springer. Anlaß war die Rede, die der Verleger vor dem Bund der Vertriebenen am 5. September 1970 in Berlin gehalten hatte (siehe oben, Seite 31 ff.). In einem Offenen Brief vom 11. September 1970 übte Mattick, Vorsitzender des Arbeitskreises »Außenpolitik« der SPD-Bundestagsfraktion, heftige Kritik an Springers Ausführungen. Der Verleger erwiderte auf die Vorwürfe des Abgeordneten in einem Brief vom 16. September.

Sehr geehrter Herr Mattick,

Ihr Offener Brief zu meiner Rede bestätigt mir erschreckend, wie begründet die Sorgen sind, die ich im Haus der Ostdeutschen Heimat zum Ausdruck brachte. Nicht die Kritik ist es, die ich als schmerzlich empfinde, sondern die Erkenntnis, daß die politischen Irrwege, über die ich gesprochen hatte, selbst einen Mann wie Sie und einen Mann wie mich so weit voneinander entfernt haben, daß die Aussicht auf Verständigung kaum noch eine vage Hoffnung ist. Darin liegt einer der Erfolge Moskaus, die uns zu denken geben sollten.

Bisher war ich überzeugt davon, daß Sie immer zu den wenigen gehören würden, deren Urteil im wesentlichen – das zugleich auch immer das Verbindende ist – über wechselnde Modernitäten und Modalitäten erhaben und daher ganz verläßlich bleibt. Ihr Brief drängt mir Zweifel daran auf, die mich in meinen Überzeugungen zwar nicht irritieren, mir aber doch bedrückend erscheinen, zumal Ihnen das böse, seit den Tagen Hitlers mißbrauchte und verbrauchte Wort von der »Hetze« unterlief.

Sie sollten wissen, daß ich aus Überzeugung gesprochen und gewarnt, aber niemanden gegen irgend jemand aufgehetzt habe, als ich sagte, eine deutsche Regierung habe im Kreml Unrecht signiert und Zerstückelung sanktioniert.

Darin waren wir uns bisher einig, daß die »Grenzen« Unrecht sind, die unser Vaterland zerstückeln und unseren Landsleuten, die sie zu passieren versuchen, gestern, heute und morgen den Tod brachten und bringen.

Darüber, daß die Bundesregierung im Moskauer Vertrag diese Grenzen unterschriftlich respektierte, gibt es im In- und Ausland keinen Zweifel. Ich habe nur ausgesprochen, was wir bisher gemeinsam meinten und was – im Widerspruch dazu – nun in Moskau geschehen ist.

Lesen Sie die Worte des sowjetischen Generals Sergej Schatilow* nach, der in dieser Woche – als offizieller Vertreter seines Landes – auf einer SED-Kundgebung erklärte: »Der Moskauer Vertrag ist die direkte und unzweideutige Bestätigung der Unverrückbarkeit der Grenzen in Europa und ein weiterer Schritt auf dem Wege zur völkerrechtlichen Anerkennung der DDR.« Aus den Demarkationslinien sind anerkannte Grenzen geworden!

Sie beschuldigen mich, »an typisch deutsche kleinbürgerliche Sentimentalität« appelliert zu haben, um »Gefühle gegen den

* Der stellvertretende Vorsitzende des Sowjetischen Komitees der Kriegsveteranen sprach auf dem Ost-Berliner August-Bebel-Platz zum »Internationalen Gedenktag für die Opfer des faschistischen Terrors und Kampftag gegen Faschismus und Krieg«.

politischen Verstand in politisches Gewicht« umzuwandeln. Gefühl und Verstand schließen sich auch in der Politik nicht aus, sehr geehrter Herr Mattick. Oft bedingen diese beiden Quellen menschlicher Erkenntnisfähigkeit einander. Haben Sie, als die Tschechoslowakei überfallen wurde – damals, vor über dreißig Jahren, von Hitler und nun, vor zwei Jahren, von Breschnew –, nur »verstanden« und nichts »empfunden«? Sind Sie frei vom Gefühl des Zornes, wenn wieder einer an der Mauer in Berlin sterben muß? Meldet sich, wenn Menschen in sibirische Straflager gehen müssen, nur weil sie nach Freiheit verlangt haben, nur Ihr Verstand und nicht Ihr Gefühl?

Sie fragen mich, ob ich ernsthaft behaupten wollte, daß die Worte Schlegels auf die vertriebenen Landsleute aus den deutschen Ostgebieten anwendbar seien: »Und nun irr' ich in der Ferne freudlos von Ort zu Ort.« Oder das Wort Werfels: »Ich selbst ohne Volk und Land.« Sie hätten mich das nicht einmal rhetorisch zu fragen brauchen, ja, nicht einmal fragen dürfen, wenn Sie meine Rede aufmerksam gelesen hätten. Diese Worte bezog ich nämlich auf – ich zitiere – »die während der Jahre des Nationalsozialismus aus rassischen oder politischen Gründen Verfolgten«.

Warum also drehen Sie mir das Wort im Munde herum? Etwa, weil ohne diese Verfälschung nicht genug gegen meine Rede einzuwenden gewesen wäre? Warum Sie mir unterstellen, ich wollte »ernsthaft glauben machen, daß die Flüchtlingsschicksale der damaligen Zeit gleichen Ursprungs sind wie heute«, kann ich nicht verstehen. Ich habe das nicht gesagt. Vergleichbar sind sie allerdings, weil ihr vergleichbarer Ursprung Unrecht und ihr vergleichbarer Verlust die Heimat ist.

Ihre weitere Frage beantworte ich Ihnen gern, die Frage, ob ich glaubte, daß »Berlin mit der undurchlässigen Mauer Klammerfunktion und ideologische Konfrontation entwickeln kann«.

Ich bin fest davon überzeugt, daß die Gemeinsamkeit des Schicksals der Teilung die Deutschen verbindet – verbinden könnte, muß ich leider sagen, wenn ich kleinmütigen Zweifeln begegne, wie sie Ihr Brief, sicher nicht nur zu meiner Enttäuschung, enthält.

Berlin war für Ernst Reuter, für Willy Brandt, für Sie, für mich, für Millionen immer der Platz, an dem diese Verbundenheit sich manifestierte. Und nun läßt die Mauer Sie daran zweifeln? Vom Zweifel bis zur Verzweiflung scheint es mir hier nur ein kleiner Schritt zu sein.

Zur ideologischen Konfrontation taugt Berlin (wie Sie mir zu glauben unterstellen, obwohl ich kein Wort davon gesagt habe) gewiß nicht. Wir haben, gottlob, keine Ideologie. Die Konfrontation zwischen kommunistischer Ideologie und freiheitlichem Ideal gehörte allerdings bisher zu unseren gemeinsamen Überzeugungen, die wir mit dem Namen Berlin verbanden. Ich frage also zurück: Soll es damit zu Ende sein?

Sie bestreiten, daß die Haltung der Westmächte vor dem Zweiten Weltkrieg mit der Haltung der Bundesregierung vergleichbar sei, weil damals »Hitler Verträge einseitig annulliert und die europäische Landkarte durch militärische Erpressung verändert« habe.

Genau das tat Moskau nach dem Zweiten Weltkrieg, und genau dem zollte die Bundesregierung im Kreml faktische und formale Anerkennung. Erinnere ich mich falsch, wenn ich meine, daß Sie selbst Moskaus Politik wiederholt als erpresserisch bezeichneten, bevor der Moskauer Vertrag solche Aussagen mit dem Tabu mangelnder Opportunität belegte? Und irre ich mich, wenn ich davon ausgehe, daß die deutsche Unterschrift unter den Vertrag eben diese Erpressung und ihre Folgen mit dem Versuch der Beschwichtigung beantwortete, so wie damals die Westmächte Hitler vergeblich zu beschwichtigen versuchten?

Sie sprechen unseren westlichen Verbündeten die Bereitschaft ab, sich für deutsche Interessen einzusetzen, die geographisch über die Grenzen der Bundesrepublik hinausgingen. Damit unterstellen Sie den Schutzmächten Vertragsuntreue. Diese drei Mächte haben sich nämlich vertraglich verpflichtet, uns im Streben nach Wiedervereinigung in Freiheit zu unterstützen. Ich halte es für verhängnisvoll, Washington, London und Paris in dieser Weise der Unglaubwürdigkeit zu bezichtigen.

Ja, ich kann Ihnen sagen, was ich für ein Linsengericht hielte, für das unser Erstgeburtsrecht aufgegeben zu werden droht: irgendwelche – gewiß wünschenswerte, aber jederzeit widerrufbare – Verkehrserleichterungen als »Preis« für die Anerkennung der deutschen Teilung und der Fremdherrschaft über 17 Millionen unserer Landsleute zu akzeptieren, einschließlich der Preisgabe des Anspruchs der Hauptstadtfunktion Berlins.

Es ist mir nicht entgangen, daß die Bundesregierung das Schicksal des Vertrages mit dem Schicksal Berlins verbunden hat. Ich finde das selbstverständlich. Aber Sie müssen mir schon das Recht lassen, Skepsis gegenüber den möglichen Interpretationen dessen anzumelden, was die Bundesregierung als »Erfolg« für Berlin und als Rechtfertigung des Vertrages geltend machen könnte. Nachdem der Bundeskanzler in Kassel* die Diktatur der SED als »Ausübung von Hoheitsrechten« bezeichnete, wurde von ihm selbst das Stichwort für diese Skepsis gegeben.

Ich werde einer der ersten sein, die ihre Skepsis mit Freuden revidieren, wenn das erreicht werden sollte, was mit Recht eine »Berlin-Lösung« genannt zu werden beansprucht. Dabei wüßte

* Zum zweiten Mal trafen sich Bundeskanzler Willy Brandt und der Vorsitzende des Ministerrates der DDR, Willi Stoph, am 21. Mai 1970 in Kassel. Es war die Fortsetzung des innerdeutschen Dialogs auf der Ebene der Regierungschefs, der in Erfurt am 19. März des gleichen Jahres begonnen hatte.

ich mich gern mit Ihnen darin einig, daß von einer »Berlin-Lösung« so lange nur mit größtem Vorbehalt gesprochen werden könnte, wie Berlin geteilt bliebe.

Sie sagen, daß sich zum erstenmal seit der Blockade »eventuell die Möglichkeit« biete, Berlins Lebensbedingungen zu verbessern. Dieser doppelte Konjunktiv, den Sie zu Recht anwenden, macht auf melancholisch stimmende Weise deutlich, daß die Politik der Bundesregierung sich auf äußerst vage Hoffnungen gründet, für die sie bereits erhebliche Konzessionen leistete. Aktuellstes Beispiel dafür ist ein Vorfall auf einer internationalen Messe in Moskau, wo die Sowjets die Berliner Schering AG veranlaßten, als Firma aus der »selbständigen politischen Einheit West-Berlin« einen gesonderten Pavillon zu beziehen.

Nur eine friedliche Entwicklung zwischen der Bundesrepublik und der UdSSR könne die Völker zwischen Ost und West einander näherbringen, schreiben Sie. Das ist sehr ungenau gesagt. Moskau ist es ja, das die Annäherung der Völker gewaltsam verhindert. Die Frage lautet: Machen wir Frieden gegen die Gewalt oder machen wir unseren Frieden mit der Gewalt?

Ich stimme Ihrer Feststellung nicht zu, daß »mit dem Vertrag die eigentliche Begründung, die Ulbricht für den Bau der Mauer gegeben hat, endgültig in sich zerfallen ist«.

Das war keine *Begründung,* das war ein *Vorwand.* Wir wissen doch, oder sollten es wissen, daß die Mauer nicht fällt, indem ihren Erbauern Vorwände entzogen werden. Auch *vor* dem Vertrag war schon erwiesen, daß dieser Vorwand eine Lüge war. Die Wirkung des Vertrages auf die Mauer ist leider ganz anders: Der Vertrag findet sich mit ihr ab, und nun braucht Ulbricht nicht einmal mehr Vorwände, um sie zu erhalten.

Daß die Gefahr eines amerikanischen Truppenabzugs besteht, wenn die Auswirkungen des Moskauer Vertrages erst einmal klarwerden, befürchte ich allerdings. Die Fiktion eines Friedens mit der sowjetischen Hegemonialmacht in Europa und die Illusion, der sowjetische Gewaltverzicht auf dem Papier sei verläßlich, werden die Notwendigkeit militärischer Präsenz Amerikas in Europa über kurz oder lang in Frage stellen. Gegen wen sollen sie dann hier ausharren, wenn die Bundesrepublik in der UdSSR nichts anderes als einen friedensfreundlichen Partner sieht?

Zu ihrem letzten Punkt. Sie verteidigen Herbert Wehners Aufforderung, die Vorurteile zwischen Kommunisten und Sozialdemokraten zu überwinden. Bisher waren wir Demokraten innerhalb und außerhalb der SPD uns darin einig, daß der Kommunismus von Moskau bis Ost-Berlin freiheitsfeindlich ein System des Unrechts praktizierte und den Menschen seine Ideologie aufzwang. War das ein begründetes Urteil oder ein unbegründetes Vorurteil?

Ich hoffe, alle Ihre Fragen beantwortet zu haben. Die Hoffnung darauf, daß Sie mich verstehen, ist, wie ich nach Ihrem Brief gestehen muß, gering. Denn mir scheint, daß Ihr Vertrauen in den Moskauer Vertragspartner größer ist als Ihr Vertrauen zu den demokratischen Kritikern des Moskauer Vertrages.

Nicht nur mein Gefühl, sondern auch mein Verstand bewirken den Wunsch, mich wenigstens darin geirrt zu haben.

Mit freundlichen Grüßen
Ihr
Axel Springer

Abwehr gegen den Kommunismus: Was heißt das?

In einem Leserbrief auf den Artikel Axel Springers in der »Welt« vom 12. Januar 1971 »Für Recht und Freiheit gibt es keinen Ersatz« schrieb eine Studentin an den Verleger, sie stimme ihm vollkommen zu, wenn er sage, es sei eine Diktatur gewesen, die das deutsche Volk in Unrecht verstrickt habe, und es seien Diktaturen, denen die Bundesrepublik die Hand entgegenstrecke. »Aber ich glaube trotzdem«, schrieb die 25jährige Kieler Studentin weiter, »daß wir mit einer Be- oder Verurteilung der ›kommunistischen Welt‹ sehr vorsichtig sein müssen, da man doch sehen kann, daß auch in unserer so ›freien Welt‹ nicht alles in Ordnung ist.« Hier wie dort geschehe Unrecht. Hier wie dort lebten Menschen, die miteinander reden und auskommen müßten. Sie warf die Frage auf, ob nicht im Interesse der Menschen wenigstens der Versuch einer Verständigung mit dem Osten gemacht werden müsse.

Axel Springer antwortete der Studentin in einem Brief, der folgenden Wortlaut hat:

Berlin, 2. Juni 1971

Sehr geehrtes Fräulein König,

Sie sind ein junger Mensch, geboren kurz nach dem Krieg, der Deutschland zerstörte und beinahe die ganze Welt in den Abgrund gerissen hätte. Etwa zur Zeit, als Sie geboren wurden, hielt

Ernst Wiechert* im Münchner Schauspielhaus seine erste Nachkriegsrede an die deutsche Jugend. Vielleicht kennen Sie diese Ansprache. Ich möchte einiges daraus zitieren, weil mir dies zugleich eine Basis für meine Antwort zu geben scheint.

Wiechert begann damals: »Wir hatten einmal ein Vaterland, das hieß Deutschland. Es war ein Land wie andere Länder auch. In ihm wurde gearbeitet und gelacht, geliebt und gelitten wie in anderen Ländern auch. Von seinen Domen riefen Glocken, aus seinen Feldern tönten die Sensen, in seinen Bergwerken klang das Glückauf. Es gab Mühsal und Streit in ihm, Mißgunst und Haß, aber am Abend sang eine Mädchenstimme hier und da das Lied vom Mond, der aufgegangen, und eine Geige jubelte im Abendrot. Viele dachten, es sei ein besseres Land als die anderen, und einige dachten, es sei ein schlechteres Land. Aber die meisten waren doch guten Willens, und wenn sie aus der Fremde heimkehrten, schalten sie oft ein wenig über seine Verbotstafeln, aber sie richteten sich wieder ein, so gut es ging, stellten Blumen in ihre Fenster, stritten über Gott und die Welt und waren getreue Knechte im Weinberg des Herrn.«

Das waren die Deutschen vor den beiden Weltkriegen, vor der ersten Inflation, vor der großen Arbeitslosigkeit der späten zwanziger Jahre, vor Hitler. Dann kamen die Jahre des Hochmuts, des Unrechts, des Verbrechens – und schließlich kam die Niederlage – von vielen, vielen Deutschen damals als selbstver-

* Ernst Wiechert (1887–1950), deutscher Schriftsteller aus Ostpreußen, der mit seinem humanitären und freiheitlichen Denken Einfluß auf die Jugend gewann. Mit Bekenntnisreden 1934 und 1936 vor Münchner Studenten erregte er den Unwillen der NS-Machthaber. Er wurde in das KZ Buchenwald verschleppt. Nach dem Zusammenbruch wandte er sich mehrfach in Reden und Artikeln an die deutsche Jugend, um eine Brücke zwischen den Generationen zu schlagen.

schuldete Strafe erlebt. Und es war beinahe ein Wunder, daß der Herr der Geschichte uns Deutschen noch einmal die Chance gab, uns eine neue, freie Gesellschaft aufzubauen, uns wieder einzugliedern in das, was die Angelsachsen die »family of nations« nennen. Deutschland wurde wieder ein Land wie andere Länder auch. Doch mit zwei wesentlichen Einschränkungen.

Erstens: Trotz einer tausendjährigen Geschichte, an die die Deutschen nach 1945 wieder anknüpfen durften, bleiben die berüchtigten »tausend Jahre« Hitlers ein Trauma, das wohl erst spätere Generationen ganz überwinden können.

Und zweitens: Nur einem Teil der Deutschen war es vergönnt, nach den Jahren des Nationalsozialismus den Weg zurückzufinden in eine freie, demokratische Lebens- und Gesellschaftsordnung. Für 17 Millionen Deutsche dagegen bedeutete das Ende der braunen Diktatur den Beginn einer neuen, der roten Diktatur.

Und hier ist es notwendig, auf einen großen Unterschied hinzuweisen. Während die Diktatur des Nationalsozialismus von großen Teilen des deutschen Volkes mit offenen Augen gewählt wurde – ohne daß sich die meisten von Anfang an über das Maß an Abgrund klar waren, zu dem die Herrenmenschen-Ideologie schließlich führen mußte –, wurde der Kommunismus unseren Landsleuten im Osten unseres Vaterlandes von einer fremden Macht aufgezwungen.

Wann immer die Deutschen die Möglichkeit hatten, an der Urne zu entscheiden, erlitten die Kommunisten vernichtende Niederlagen. Die deutschen Wähler haben das von 1946 an ganz besonders in Berlin bewiesen. In der von sowjetischen Divisionen besetzten Zone gab es natürlich ebenso wie in allen anderen von den Sowjets besetzten Ländern und wie in der UdSSR selbst niemals freie Wahlen. Weshalb, ist ganz klar: In jedem Fall wäre die Niederlage der Kommunisten vernichtend gewesen.

Leider stimmt für dieses Regime im unfreien Teil unseres Landes auch, was Wiechert über Hitler gesagt hatte: ». . . daß in das Haus dieses Volkes . . . eines Tages ein Landfremder getreten war, ohne Kenntnisse, ohne Wissen, ohne Kultur, ohne Takt oder Geschmack, besessen nur von dem düsteren Haß der Knechte gegen die Herren, der Emporkömmlinge gegen den Adel der Tradition, besessen auch von dem Haß der Primitiven gegen eine alte Rasse und begabt nur mit den Fähigkeiten des Demagogen . . .«

In Ihrem Brief sprechen Sie davon, daß auch auf der anderen Seite Menschen sind. Da stimme ich Ihnen nicht nur zu, es ist vielmehr um dieser Menschen willen, so meine ich, daß wir im Kampf gegen die Ausbreitung des Kommunismus nicht erlahmen dürfen. Würden wir anders handeln, wir würden sie verraten!

Abwehr gegen den Kommunismus heißt für mich Aufklärung, heißt Hilfe für die, die sich den Kommunisten widersetzen wollen oder widersetzt haben, heißt aber ganz besonders nichts unternehmen, was die Chancen für einen Erfolg der langfristigen kommunistischen Pläne verbessern könnte.

Hauptsächlich deshalb bin ich ein so engagierter Kritiker der Ostpolitik unserer derzeitigen Regierung: Weil hier mit Unrecht paktiert und weil hier sowjetische Politik unterstützt wird, die sich heute wie gestern gegen unsere Freiheit richtet.

Abwehr gegen den Kommunismus heißt für mich auch noch ein anderes: unsere Gesellschaft immer weiter verbessern. Ich gebe Ihnen völlig recht, daß auch bei uns keinesfalls alles in Ordnung ist. Aber hier können wir zumindest dem erreichbaren Optimum nahekommen. Den perfekten Staat, die perfekte Gesellschaft gibt es nicht, weil sie von Menschen abhängig sind, die bekanntlich nie perfekt sein werden. Aber wir haben, wie gesagt, unter unserem sicher auch nicht fehlerfreien Wirtschafts- und

Gesellschaftssystem die besten Möglichkeiten, daß Verbesserungen, die wir durchsetzen, auch den einzelnen Menschen, jedem einzelnen, zugute kommen.

Wir sind der Meinung, daß hier in der Bundesrepublik noch viel zu tun ist. Das Schul- und Universitätssystem muß weiter verbessert, muß den Erfordernissen von heute und morgen angepaßt werden. Dabei meine ich allerdings nicht die Zerstörung von Schule und Hochschule, wie sie heute von Ideologen, Fanatikern und deren Mitläufern betrieben wird. Mit solchen Methoden wird nicht nur das System nicht verbessert, diese Entwicklung wirft uns vielmehr im internationalen Bildungswettbewerb weiter zurück.

Weiter müssen wir praktische und praktikable Methoden der Vermögensbildung für alle schaffen, wieder allerdings, ohne dabei das System zu zerstören, das unserem Volk einen Wohlstand gebracht hat, von dem unsere Väter und Großväter nicht einmal zu träumen wagten.

Umweltschutz, Wohnungsbau – mehr Eigenheime –, Verbesserung und Sicherung des Verkehrs – es gibt unzählige Aufgaben, ich habe nur einige wenige aufgezählt, die mir gerade in den Sinn kommen.

Das wichtigste allerdings ist die Bewahrung der Freiheit. Millionen Menschen sind allein zu meinen Lebzeiten umgekommen im Namen der Freiheit. Als ich ein junger Mann war, sollte die Fackel der Freiheit von hier, von Deutschland aus für immer ausgelöscht werden. Daraus haben wir eine Verpflichtung geerbt, die wir Älteren gar nicht allein erfüllen können, sondern die auch diejenigen mittragen müssen, die erst nach dem Ende des Grauens geboren wurden.

Ernst Wiechert hatte gefordert: »... ihr sollt Gott ausgraben unter den Trümmern des Antichrist, gleichviel welchen Namen ihr ihm gebt. Und ihr sollt die Liebe ausgraben unter den

Trümmern des Hasses. Und ihr sollt die Wahrheit wieder ausgraben und das Recht und die Freiheit und vor den Augen der Kinder die Bilder wieder aufrichten, zu denen die Besten aller Zeiten emporgeblickt haben aus dem Staub ihres schweren Weges.«

Einige, viel zu wenige von Wiecherts Forderungen haben wir realisiert. Helfen Sie, die junge Generation, uns, den Älteren, daß wir eines Tages alle erfüllt haben werden.

Mit guten Wünschen
bin ich Ihr
Axel Springer

Soziale Marktwirtschaft – kein Feld für gewerkschaftliche Machtpolitik

Im Zusammenhang mit den immer stärker werdenden Forderungen nicht nur der Gewerkschaften nach paritätischer Mitbestimmung zu Beginn der siebziger Jahre hielt es Axel Springer für notwendig, seinen Mitarbeitern darzulegen, wie er als Gründer und Inhaber seines Unternehmens sich das Verhältnis zwischen Unternehmer und Arbeitnehmer vorstellt. Diese für den internen Gebrauch niedergeschriebenen Erläuterungen, in denen Axel Springer ein klares Bekenntnis zu den Gewerkschaften und ihrer Notwendigkeit in einem demokratischen Staatswesen ablegt, wurden im September 1971 den leitenden Mitarbeitern des Hauses übergeben.

In Deutschland gehört es neuerdings zum guten Ton, »progressiv« zu sein. Progressiv darf sich nennen, wer sich dafür einsetzt, daß Studenten ihre Professoren überstimmen können, daß Verleger nichts mit dem Inhalt ihrer Zeitungen zu tun haben sollen und daß Gewerkschaften zusammen mit Eigentümern die Geschäftspolitik der großen Unternehmen bestimmen. Progressiv ist, wer das Eigentum als »Instrument zur Ausübung von Herrschaft über Menschen« verächtlich macht.

Das Gedächtnis vieler unserer Zeitgenossen ist kurz. Nach der Niederlage des Dritten Reiches war Deutschland ein Armenhaus. Nichts schien näher zu liegen, als den Mangel planwirtschaftlich zu verwalten und den Neubeginn planwirtschaftlich zu gestalten.

Den Menschen in der sowjetisch besetzten Zone wurde dieser Weg aufgezwungen. Sie gerieten »nahtlos« von einer Planwirtschaft in die andere. Im westlichen Teil Deutschlands setzte man, Ludwig Erhard folgend, auf die Marktwirtschaft, das heißt auf Wettbewerb und Eigentum.

Selten hat die Geschichte einen Theorienstreit anschaulicher entschieden. So groß waren und sind die Erfolge unserer sozialen Marktwirtschaft, daß die Vollstrecker der Planwirtschaft die unterprivilegierte Bevölkerung ihres Herrschaftsbereiches mit Mauer und Stacheldraht daran hindern mußten, auf die erfolgreichere Seite hinüberzuwechseln. Unterprivilegiert – auf unsere Landsleute im kommunistischen Teil Deutschlands paßt dieses Wort, mit dem unsere »progressiven« Publizisten so gern die Arbeitnehmerschaft der Bundesrepublik bedenken wollen.

Die Zeitungen unseres Hauses bekennen sich ausdrücklich zur sozialen Marktwirtschaft. Dieses Bekenntnis ist einer unserer Grundsätze, die in der Satzung des Verlages verankert sind.

Wir sprechen von sozialer Marktwirtschaft. Worin liegt nun die soziale Komponente? Wie wird die Marktwirtschaft sozial? Nach Auffassung der deutschen Gewerkschaften und vieler ihnen nahestehender Politiker würde erst die paritätische Mitbestimmung, das heißt die gleichberechtigte Mitbestimmung der Arbeitnehmer und der Gewerkschaften, die Bundesrepublik Deutschland zu einem Staat mit sozialer Gesinnung machen. Zur Stützung der Forderung nach Mitbestimmung werden manchmal das Demokratiegebot, manchmal das Sozialstaatsprinzip des Grundgesetzes zitiert. Wer so argumentiert, verfälscht die Verfassung.

Was im Geltungsbereich des Grundgesetzes demokratisch verfaßt sein soll – dafür finden sich im Grundgesetz einige Leitlinien: Es ist der Bereich des Staates, in dem die Willensbildung sich demokratisch vollziehen soll, nicht der Raum der Gesellschaft. Aber nicht einmal im Bereich des Staates ist Demokratie auf jeder Ebene durchführbar. Auf der Polizeiwache oder im

Finanzamt kann nicht abgestimmt werden – und auch nicht in Behörden und Ministerien.

Auch das Sozialstaatsprinzip – das Wort verweist schon auf den Staat – unterwirft nicht die freie unternehmerische Initiative der Notwendigkeit des Konsenses mit den Mitarbeitern oder gar den Gewerkschaften.

Paritätische Mitbestimmung ist nichts anderes als eine politische Forderung mit dem Ziel, Gewerkschaftsfunktionären zur Ausweitung ihrer Macht zu verhelfen; eine Forderung, für die immer wieder die Verfassungskraft als Leumundszeuge bemüht wird.

Die Verfechter wirtschaftlicher Mitbestimmung berufen sich gern auf die Gleichberechtigung von Arbeit und Kapital. Nur ist das eben kein Argument, sondern eine These, die man akzeptieren oder verwerfen kann. Es ist wie mit dem Grundsatz der Medientrennung, das heißt der organisatorischen und rechtlichen Trennung von Presse einerseits, Funk und Fernsehen andererseits. Diesen Grundsatz haben nach dem Kriege diejenigen postuliert, die Funk und Fernsehen neu zu ordnen hatten. Heute, unter allerdings gründlich veränderten Verhältnissen, wird er von denen erbittert verteidigt, die in den öffentlich-rechtlichen Rundfunkanstalten Macht haben und die von außen auf die Anstalten Einfluß nehmen oder nehmen möchten. Sie wollen unabhängig nach den Gesetzen der Privatwirtschaft arbeitende Zeitungsverleger ein für allemal davon ausschließen, sich des neuen elektronischen Mediums für die Übermittlung von Nachrichten und Meinungen zu bedienen.

Die Forderung nach paritätischer Mitbestimmung wird nicht in erster Linie von den Betroffenen, den Arbeitnehmern, sondern von den deutschen Gewerkschaften erhoben. Um politischer und wirtschaftlicher Macht willen – das wird von den Gewerkschaften auch gar nicht bestritten – hat es der DGB zu seinem Ziel erklärt, in den Aufsichtsräten der Unternehmen vertreten zu sein, und zwar paritätisch, in jedem Unternehmen.

Die amerikanischen Gewerkschaften dagegen halten diesen Weg für eine Sünde wider den Geist ihrer eigentlichen Aufgabe. Dort befürchtet man, daß Mitwirkung in den Aufsichtsgremien großer Unternehmen die beteiligten Gewerkschaftsvertreter davon abbringen könnte, ja müßte, sich dem zu widmen, wozu Gewerkschaften in der freien Welt da sind: dem Wohl und Wehe der Arbeitnehmer zu dienen. Man verweist in den Vereinigten Staaten auch immer wieder darauf, daß Gewerkschaftsorganisationen in diktatorischen Regierungssystemen sich für die Interessen und Bedürfnisse der Arbeiter überhaupt nicht mehr einsetzen können, weil die Loyalität der Gewerkschaften in erster Linie den Interessen des Staates bzw. der vom Staat kontrollierten Unternehmen gelten muß. Die Beziehung zwischen Gewerkschaften auf der einen und Unternehmen auf der anderen Seite wird in Amerika eingereiht in das für jede Demokratie notwendige Wechselspiel gleichberechtigter Kräfte, in die »checks and balances«, die Kontrollen und Gegengewichte.

Das halte ich nicht nur für richtig, sondern sogar für lebensnotwendig – man denke nur an die Tarifautonomie. Ohne freie, unabhängige Gewerkschaften ist unser Wirtschaftssystem, das uns allen und besonders den Arbeitnehmern so enorme Erfolge und Verbesserungen der Lebensbedingungen gebracht hat, nicht denkbar. Ich habe, übrigens nicht erst, seit mir die amerikanischen Verhältnisse bekannt wurden, immer daran geglaubt, daß es ein privates Unternehmertum in unserer Zeit nicht geben kann, nicht geben dürfte, ohne die Polarität der Gewerkschaften. Mein persönliches Verhältnis, etwa zu Hans Böckler* oder

* Hans Böckler (1875–1951), erster Vorsitzender des Deutschen Gewerkschaftsbundes (DGB) nach dem Krieg.

zu Willi Richter*, entsprach dieser Erkenntnis, dieser Auffassung. Die private Wirtschaft bedarf des Gegenpols der Gewerkschaften, die zu unserem Wirtschafts- und Gesellschaftssystem gehören wie der Unternehmer selbst. Das wurde mir schon im Elternhaus eingeimpft, und diese Erkenntnis vertiefte sich während vieler Jahre praktischer Tätigkeit.

Die Mitbestimmung, nenne man sie nun »paritätisch« oder »erweitert«, hilft den Arbeitnehmern nicht einen Deut; sie ist, ich will es wiederholen, nichts anderes als eine machtpolitische Forderung. Sie ist Ausdruck einer von Interessierten geschürten und in Wirklichkeit bei der großen Mehrzahl der Arbeitnehmer nicht vorhandenen Unzufriedenheit. Da die alten Sozialisierungsideen bei uns heute nicht mehr »verkauft« werden können – die Sozialisierung von unten wird von der Bevölkerung abgelehnt –, versucht man mit der paritätischen Mitbestimmung nun eine Sozialisierung von oben, bis hin zur Enteignung.

Es geht um Sozialisierung, nicht um das Soziale. Zur Weiterentwicklung des Sozialen könnte die paritätische Mitbestimmung keinen Beitrag leisten. Die soziale Komponente der Marktwirtschaft ist nicht durch Mitbestimmungsformen zu stärken. Eine Marktwirtschaft ist sozial, wenn sie die Mitarbeiter weitgehend am wirtschaftlichen Erfolg teilnehmen läßt, wenn sie die Arbeitsplätze sichert, wenn sie durch ein Geflecht arbeitsrechtlicher und sozialrechtlicher Normen dem Arbeitnehmer Sicherheit in Zeiten der Krankheit und im Alter gibt.

Was immer in unserem Lande tatsächlich reformbedürftig ist – zum Beispiel im Bereich von Bildung und Ausbildung, im Gesundheitswesen, in Sachen des Umweltschutzes und so fort –, die Kosten können nur aufgebracht werden, wenn die Wirt-

* Willi Richter (1894–1972), Vorsitzender des Deutschen Gewerkschaftsbundes von 1956–1962.

schaft funktioniert. Deshalb darf die Wirtschaft nicht Gegenstand beliebiger Experimente sein. Die Beschneidung der unternehmerischen Initiative durch die Einführung vermeintlich demokratischer Binnenstrukturen wäre ein tiefer, gefährlicher Einbruch in unsere Wirtschaftsordnung, die sich als so erfolgreich erwiesen hat.

Auf einem ganz anderen Blatt steht, daß der Unternehmer – und wer immer in seinem Auftrag Vorgesetztenfunktionen wahrnimmt – im Zusammenwirken mit den Mitarbeitern kein Manchestertum praktizieren darf. Hier geht es um eine »conditio humana«, die allerdings vor keinem Arbeitsgericht eingeklagt werden kann.

Jeder Mitarbeiter ist als freier, gleichberechtigter Vertragspartner zu achten. Wenn mündige Bürger durch den Abschluß von Dienstverträgen einem Unternehmen ihre Arbeitskraft zur Verfügung stellen, so darf dies auf der anderen Seite nicht die Konsequenzen haben, daß der Unternehmer bei der Ausübung der Gewerbefreiheit im täglichen Leben und im langfristigen Entscheidungsprozeß die Einmischung der Arbeitnehmer oder gar ihrer Berufsvertretungen dulden müßte.

Der Unternehmer wird, wenn er klug ist, Rat suchen, im großen wie im kleinen – dort, wo er Erfahrung und Überblick erwarten kann. Institutionalisieren läßt sich die Mitsprache derjenigen, die etwas zu sagen haben, jedoch nicht. Ich weiß, und ich habe das in mehr als einem Vierteljahrhundert als Verleger und Unternehmer erfahren: Ohne eine solche Mitsprache wäre unser Haus niemals das geworden, was es heute ist.

Den Weg in die UNO freigeschossen

Um ihre internationale Position auszubauen, strebte die »DDR« im Jahre 1972 verstärkt die UNO-Mitgliedschaft an. UNO-Generalsekretär Kurt Waldheim bot sich als Wegbereiter an; die Bundesregierung ließ frühere Bedenken fallen. In dieser Situation schrieb Axel Springer am 21. August 1972 in der »Welt« den Artikel »Kann man sich den Weg in die UNO freischießen?« Ein Jahr später war es soweit: Die »DDR« wurde 133., die Bundesrepublik Deutschland 134. Mitglied der Weltorganisation. Die Aufnahme erfolgte durch Akklamation in Abwesenheit Israels, das einen UNO-Beitritt der »DDR« strikt ablehnte.

Eine Meinungsumfrage ergab: Über die Hälfte der befragten Bürger in der Bundesrepublik sprachen sich dafür aus, die »DDR« in die Vereinten Nationen aufzunehmen. Die Motive dieser Haltung wurden nicht genannt. Aber sie liegen auf der Hand: Entspannung, Frieden, Koexistenz, Aussöhnung, Völkerfreundschaft – aktuelle Schlagworte, in aller Munde, in aller Ohren. Kaum jemand prüft oder erklärt sie noch. Sie klingen gut und ersparen manchem das Denken.

Bekanntlich kann die »DDR« nicht UNO-Mitglied werden, ohne daß die Bundesrepublik Deutschland ihr den Weg dazu freigibt. Diese Entscheidung ist der letzte Trumpf, den die Ostpolitik der Bundesregierung noch hält. Aber es sieht leider so aus, als sollte auch er verspielt werden. Denn Ost-Berlin drängt, mahnt seine UNO-Mitgliedschaft hochfahrend und ungehalten an.

Erinnern wir uns: Vor Jahren noch hieß es, dieser Schritt werde von der Bundesregierung nur getan, wenn menschliche Erleichterungen für alle Deutschen im geteilten Vaterland erreicht worden sind. Bald aber korrigierte dies der Bundeskanzler. Auch »äußere Einflüsse« könnten den Termin für den Einzug der »DDR« in die Vereinten Nationen beeinflussen, sagte er. Und einer dieser »äußeren Einflüsse« ist der Wille des neuen UNO-Generalsekretärs, die »DDR« (als einen »der beiden deutschen Staaten«) »so bald wie möglich« in die Weltorganisation aufzunehmen.

Was ist geschehen? Sind die Gründe von einst nicht mehr stichhaltig? Sind sie inzwischen entfallen?

Vor mehr als drei Jahrzehnten, zwei Jahre nach dem Beginn des Zweiten Weltkrieges, trafen sich der britische Premierminister Churchill und der amerikanische Präsident Roosevelt im Atlantik – »irgendwo auf hoher See« –, um über die Schaffung einer Weltorganisation zu sprechen, »auf die sie die Hoffnung auf eine bessere Zukunft gründen« wollten. Sie unterzeichneten eine »Atlantik-Charta«, in der es über die künftigen Mitglieder des Völkerforums heißt: »Sie achten das Recht aller Völker, sich diejenige Form der Regierung zu wählen, unter der sie leben wollen.« Und weiter: »Sie wollen souveräne Rechte und Selbstregierung für jene, die ihrer gewaltsam beraubt worden sind, wiederhergestellt sehen.« In diesem Geiste entstanden die Vereinten Nationen.

Nach dem Kriege dachte zunächst niemand an eine UNO-Mitgliedschaft Deutschlands. Die Deutschen, in deren Namen so entsetzliches Unrecht geschehen war, blieben »in Quarantäne«. Und auch hierzulande wurde eingesehen, daß eine Zeit der Läuterung vergehen müsse. Nun, es vergingen seitdem 27 Jahre. Ist die Zeit jetzt reif?

Eigentlich müßte es jedermann einleuchten, daß nur solche

Nationen ein Recht auf Mitgliedschaft haben sollten, die den Prinzipien der UNO-Charta entsprechen. Die Wirklichkeit sieht leider anders aus. Im New Yorker UNO-Palast sind einige Staaten vertreten, die der Verletzung der Menschenrechte vielfach überführt sind. Schon 1957 stellte Winston Churchill fest, die Vereinten Nationen seien »über die Absichten ihrer Architekten hinaus angeschwollen«, sie müßten zum Scheitern verurteilt sein, wenn »Opportunismus ihre Entscheidungen lenkt«.

Ein Jahr zuvor hatte Paul Henri Spaak beklagt, daß in der UNO »Macht und Zynismus triumphieren«. Und sieben Jahre später machte der britische Außenminister Lord Home darauf aufmerksam, daß die Weltorganisation in der Frage des Selbstbestimmungsrechtes der Völker »mit zweierlei Maß messe«. Lord Home zog das Fazit: »In den Augen der Vereinten Nationen ist zum Beispiel das Selbstbestimmungsrecht für die Afro-Asiaten eine absolute Regel. Aber wenn Europäer Anspruch auf dieses Recht erheben, wie zum Beispiel im Falle Berlins und der Sowjetzone, dann scheinen andere Wertungsmaßstäbe zu gelten.«

Wollen wir solche Einwände heute als naiven Idealismus oder als wirklichkeitsferne Romantik abtun? Wollen wir augenzwinkernd gelten lassen, daß die Prinzipien der Menschenrechte nur Papier, die Realität der UNO aber Taktik, Machtpolitik und tagespolitische Nützlichkeit seien? Wer so denkt, wird schuldig.

Auch der Einwand, auf einen Staat mehr oder weniger, der die Menschenrechte verletzt, komme es schließlich nicht an, wäre blanker Zynismus. Ein Leiden ist nicht zu behandeln, indem man seine Ursachen vermehrt. Ein Bruch verbriefter Grundsätze und Grundrechte kann nicht durch weitere Brüche gerechtfertigt werden. Wer sich also ein Urteil über die Aufnahme der »DDR« in die Vereinten Nationen bilden will, muß dieses neue Mitglied an den Satzungen messen, die sich die UNO gegeben hat. Woran sonst?

In der Erklärung der Menschenrechte, die von der ersten Generalversammlung verabschiedet wurde, heißt es: »Jeder Mensch hat das Recht, jedes Land, einschließlich seines eigenen, zu verlassen sowie in sein Land zurückzukehren.« Aber die Bürger aus dem anderen Teil Deutschlands haben dieses Recht nicht. Sie werden vielmehr niedergeschossen, wenn sie es zu beanspruchen suchen. Und nichts, aber auch gar nichts spricht dafür, daß sich daran etwas ändern würde, zöge eine Ostberliner Delegation in die Vereinten Nationen ein.

Und auch dies spricht die Menschenrechtserklärung der UNO aus: »Jeder Mensch hat das Recht auf freie Meinungsäußerung; dieses Recht umfaßt die Freiheit, Meinungen unangefochten zu vertreten und Informationen und Ideen mit allen Verständigungsmitteln ohne Rücksicht auf Grenzen zu suchen, zu empfangen und zu verbreiten.«

Wie steht es damit in der »DDR«? Es ist seltsam und bedrückend, daß diese Frage heute fast schon als »entspannungsfeindlich« gilt. Wer sie stellt, muß damit rechnen, als Störenfried angesehen zu werden, der dem Weltfrieden im Sinne der Vereinten Nationen Schaden zufügt. Die in Mode gekommene Form, die Verletzung von Menschenrechten zu behandeln, ist, sie zu verschweigen.

Dieser »zweite deutsche Staat«, der nunmehr mit Hilfe einer frei gewählten deutschen Bundesregierung auf die höhere Ebene der UNO-Charta gehoben werden soll, wurde vor noch nicht einmal zehn Jahren vom heutigen Bundeskanzler als »ein erbärmlicher Satellitenstaat« bezeichnet, der »weder deutsch noch demokratisch, noch eine Republik ist« und der nicht zu konsolidieren sei, »solange der gerötete Abendhimmel über dem freien Berlin die Hoffnung der Menschen hinter der Mauer auf sich zieht«.

Die Tatbestände des Unrechts blieben bis heute unverändert.

Mindestens siebenundsechzig Menschen wurden seit dem Bau der Mauer bei dem Versuch getötet, die »DDR« zu verlassen. Grenzposten schossen in dieser Zeit 1410mal. 372mal schlugen die Kugeln herüber nach West-Berlin.

Kann man sich den Weg in die Vereinten Nationen freischießen?

Die UNO wurde gegründet, als die Welt unter dem Eindruck des nazistischen Mordens, der Zerstörung der Menschenrechte und der Vernichtung der Menschenwürde stand. Nun soll »ein deutscher Staat« im Zeichen neuen Mordens, fortgesetzter Verachtung der Menschenrechte und weitergehender Knebelung der Menschenwürde in die Vereinten Nationen aufgenommen werden? Und der »andere deutsche Staat«, der den Weg der Menschenrechte ging und die Würde jedes einzelnen zu wahren gelobte, soll die Tür zum Schritt über diese Schwelle öffnen? Ist es wirklich entspannungsfeindlich, darin einen Akt der Inkonsequenz, ja der Untreue gegen unsere Überzeugungen zu sehen?

Der Sozialdemokrat Otto Bach, bis zum Vorjahr noch Berliner Landesvorsitzender der Deutschen Gesellschaft für die Vereinten Nationen, setzte Maßstäbe. Er stellte fest: »Eine Aufnahme der Zone in die Vereinten Nationen und damit die Anerkennung einer Staatlichkeit der Zone würde die deutsche Spaltung völlig unüberwindbar machen. Darüber hinaus würde die UNO selbst mit neuen, schwierigen, für sie sicher unlösbaren Problemen belastet werden.«

Otto Bach erinnerte damals an die Aufnahmebedingungen für UNO-Mitglieder: »1. Es muß sich um einen friedliebenden Staat handeln. 2. Dieser Staat muß fähig sein, die Verpflichtungen der Charta zu erfüllen.«

Die »DDR« ist nicht fähig und nicht willens, die Verpflichtungen der Charta zu erfüllen. Kein Zweifel ist möglich. Wir alle wissen das. Auch jene in unserem Lande wissen es, die sich für diese Mitgliedschaft aussprechen. Nur wer den Glauben an die Verwirklichung der Menschrenrechte verloren und durch Zynismus ersetzt hat, kann sich bei solcher Fürsprache wohl fühlen. Wer aber Flüchtlingsgräber, Minenfelder und Zuchthauszellen gegen die freie Meinung nicht für geeignete Stationen der Schuldigen auf ihrem Wege in die Vereinten Nationen hält, wird sich ihnen entgegenstellen müssen. Im Namen der Menschenrechte, um die es geht.

Oder geht es darum nicht mehr? Worum geht es dann? Die »DDR« hinein in die UNO - die Menschenrechte hinaus –, das kann nicht der politische Auftrag des freien Teils unseres Vaterlandes sein.

Von Überläufern, Mitläufern und Leerläufern

Im Herbst 1972 hatte die Regierung Brandt/Scheel ihre Mehrheit im Bundestag verloren. Abgeordnete von SPD und FDP wandten sich von ihrer Partei ab. Kanzler Willy Brandt sprach von Korruption, ließ jene Parlamentarier, die sich von seiner Politik lossagten, als »Überläufer« bezeichnen, nannte kritische Journalisten »Schreibtischtäter« und entdeckte in oppositionellen Zeitungen »blanken Haß«. Dazu nahm Axel Springer am 29. September 1972 in einer Rede, die hier gekürzt wiedergegeben wird, vor deutschen Buch-, Zeitungs- und Zeitschriftengrossisten in Lindau am Bodensee Stellung. Der Verleger ging dabei auch ausführlich auf sein früheres Verhältnis zur Sozialdemokratischen Partei Deutschlands ein.

Als wir uns im Vorjahr an jenem sonnigen 1. Oktober hier trafen, berichtete ich Ihnen über ein Zusammentreffen mit Willy Brandt und über merkwürdige Vorstellungen von Pressepolitik und Pressefreiheit. Dieser Trend hat sich bedauerlicherweise fortgesetzt. Es wird immer deutlicher, daß das, was maßgebliche Vertreter der zweitgrößten Partei Deutschlands unter Pressefreiheit verstehen, weit entfernt ist von dem, was man allgemein unter Demokraten, hier wie in der gesamten Welt, darunter versteht.

Auf dem außerordentlichen Parteitag der SPD in Bonn konnte man sogar Beunruhigung darüber hören, daß es überhaupt noch Publikationen in Deutschland gibt, die nicht in das Horn der sozial-liberalen Koalition stoßen. Dabei ist die Linkslastigkeit der Informationsmedien in unserem Lande evident. Das trifft ganz besonders für die öffentlich-rechtlichen Rundfunk- und Fernsehanstalten zu, die eigentlich ihrem Auftrag gemäß ganz besonders ausgewogen sein müßten.

Ein großer Teil der Zeitungen und Zeitschriften in Deutschland segelt ebenfalls eindeutig und einseitig im linken Kielwasser. Dazu gehören viele der sogenannten »meinungsbildenden« Blätter.

Mehr darüber finden Sie in einem vor kurzem erschienenen Buch, dessen Lektüre ich Ihnen dringend empfehle. Der Titel lautet: »Vorsicht, Schreibtischtäter«; der Autor ist der Soziologe Professor Helmut Schoeck. Zum Problem der Gefährdung der Freiheit durch eine Linkslastigkeit der Publizistik schreibt Schoeck unter anderem: »... in einer pluralistischen freien Gesellschaft darf es natürlich auch einen linkskonformen Medien-›Verbund‹ geben, in dem alle öffentlichen Anliegen grell links, auch links neigend, überzeichnet berichtet und erörtert werden. Etwas ganz anderes ist es aber, wenn es ultralinken Kreisen und Vereinigungen in der Bundesrepublik ... gelingen würde, gerade auch unter Deckung und mit Ermutigung des linken Medienverbunds, eine Bundesgesetzgebung auf dem Gebiet der Medienpolitik zu erwirken, die es ihnen ermöglicht, in denjenigen Massenmedien Schlüsselstellungen zu erringen, die zur Zeit noch eine publizistische Behandlung wichtiger Themen aus einer nicht von links vorgeformten Sicht gewährleisten.«

Die böse Kritik, die dieses Buch zum Beispiel im Verbandsblatt der Gewerkschaft Druck und Papier fand, zeigt, wie sehr Schoeck ins Schwarze getroffen hat.

Als Jochen Steffen, der Mann im Vorstand der SPD, der seine Linkstendenzen am wenigsten kaschiert, am Anfang des Jahres für seine Partei »alle Instrumente zur Beeinflussung der öffentlichen Meinung« forderte, wurde das weitgehend noch als Außenseiter-Meinung eines Enfant terrible abgetan. Aber nach einem Interview, das der Hamburger Innensenator und Vorsitzende der Medienkommission der SPD, Heinz Ruhnau, am 19. August dieses Jahres der »Berliner Stimme« gewährte, ist kaum noch daran zu zweifeln: Es ist für die SPD nur noch eine Machtfrage, wann das Pressewesen in der Bundesrepublik in ihrem Sinne reformiert wird.

Die Verwirklichung dieser Reformvorschläge allerdings würde die Pressefreiheit in der Bundesrepublik in gefährlicher Weise einschränken. Die Etikettierung solcher Vorschläge zur angeblichen Sicherung der Pressefreiheit kann nicht verschleiern, daß durch sie die vom Grundgesetz gemeinte Pressefreiheit gerade vereitelt würde. Nachdem kürzlich die Jungsozialisten in einer Broschüre wieder einmal die radikale Veränderung des Pressewesens einschließlich der Beseitigung der privaten Verfügungsgewalt über die Produktionsmittel gefordert hatten, macht Ruhnau deutlich, daß die rechtlichen Grundlagen der Presse baldmöglichst verändert werden sollen. Seine Stichworte lauten: »Spezifische Mitbestimmung«, »Auflagenkontrolle«, »Fusionskontrolle«, »Landespresseausschüsse«.

Der Hamburger Senator sprach von einem »Anspruch des Bürgers auf vollständige und ausgewogene Information«, dem gegebenenfalls die unternehmerische und verlegerische Freiheit geopfert werden müsse. »Oder aber«, so fuhr Ruhnau fort, »der Verleger muß beschließen, er verkauft seinen Verlag, und ab übermorgen produziert er Nachtgeschirre. Diese braucht man nicht politisch zu kontrollieren.« Und dann weiter: »Ich bin gar nicht dagegen, daß man in eine Überlegung eintritt, ob unter Umständen der Staat (solche Verlage) kauft und sagt, das machen wir jetzt als Stiftung.«

»Die SPD möchte den Verleger nur noch in der Rolle des Kaufmanns sehen, der das Papier einkauft und die Gehälter zahlt«, so heißt es dazu in einem Kommentar des Fachorgans der Zeitungs- und Zeitschriftenverleger.

In diesem Zusammenhang mag Sie folgendes interessieren: Wenige Wochen vor der Bundestagswahl 1969 besuchte mich Senator Ruhnau auf der Insel Sylt. Er versicherte damals emphatisch, für seine Partei käme keinerlei Mitbestimmung im Pressewesen oder irgendwelche andere Beschneidung der Verlegerrechte in Frage. Nun, ich habe Verständnis: So kurz vor einer wichtigen Wahl wollte man durch derartige Zusicherungen sicher bei uns irgend etwas erreichen! Allerdings bin ich davon überzeugt, daß Herr Ruhnau seine damaligen Sylter Äußerungen heute ebenso »verdrängt« haben wird, wie aus Opportunitätsgründen vergessen wurde, daß er und sein Parteifreund Nau uns, das heißt meinem Haus, 1969 die Berliner »Nachtdepesche« zum Kauf angeboten hatten.

Wie auch immer das Erinnerungsvermögen von Senator Ruhnau beschaffen sein mag, seine im Namen der SPD gemachten Äußerungen zur Medienpolitik liegen schwarz auf weiß vor. Das sind Vorstellungen von der Presse, wie man sie sich sonst nur in autoritär regierten Ländern macht.

Übernahme durch den Staat – wo bleibt da die Kontrolle dieses Staates durch die Presse? Wo unterscheidet sich das noch von der Pressepolitik der Nationalsozialisten oder der Kommunisten?

Man muß auch eine weitere Frage stellen: Was ist eigentlich in die Sozialdemokraten gefahren, daß sie keine Kritik mehr zu vertragen scheinen, ja, nicht einmal mehr bohrende Fragen?

Wenn solches geschieht, verläßt zum Beispiel der Kanzler gern vorzeitig die Szene. Kann er nicht rausgehen, verliert er, wie erst vor wenigen Tagen, die Beherrschung in einer Weise, die selbst seine Paladine in Verlegenheit bringt.

Dabei ist dieser gegenüber Kritik so dünnhäutige Willy

Brandt alles andere als pingelig, wenn es um andere geht. Er hat nie widersprochen, als aus seinen Reihen die aus der Koalition zur CDU/CSU übergewechselten Abgeordneten »Überläufer« genannt wurden. Er selbst nannte sie »Mandats-Überträger«. Er war es, der auf die Frage, ob bei diesem Parteiwechsel »Korruption im Spiel« war, ohne mit der Wimper zu zucken antwortete: »Daran kann für mich kein Zweifel sein.« Irgendeinen Beweis für diese, wie er einige Tage später einschränkend hinzufügte, »subjektive Überzeugung« ist der Kanzler bis heute schuldig geblieben.

Willy Brandt ist es, der seine publizistischen Kritiker pauschal als »Rechtspresse« abtut. Von Willy Brandt stammt das schlimme Wort von den »Schreibtischtätern« in den Redaktionen der ihn kritisierenden Zeitungen. Und Willy Brandt, der das Wort vom »Holzen« in den Wahlkampf einführte, spricht vom »blanken Haß«, den er in Pressekonzernen entdeckt haben will. Immer sind es pauschale Verurteilungen. Immer zuckt der Kanzler zurück, wenn er aufgefordert wird, Roß und Reiter zu nennen. Aber ich weiß natürlich: Mit dem Haß meint er auch, ja wohl in erster Linie, unsere Blätter, vielleicht sogar, in völliger Verkennung der wirklichen Zusammenhänge, mich selbst.

Axel Springer als Hasser der Sozialdemokratie? Bei dem Wort »blanker Haß« möchte gerade ich mich ein wenig aufhalten dürfen. Ich möchte hier ein persönliches Bekenntnis ablegen, und ich glaube, dieser Kreis ist dafür das richtige Forum: Mein Verlagshaus hat in 25 Jahren seiner Existenz politisch lange Zeit bei der SPD gestanden. Und ich selbst habe in manchen früheren Wahlgängen auch SPD gewählt, allerdings – damit kein Mißverständnis aufkommt – bestimmt nicht mehr 1969.

Dieses Engagement für die SPD war auch nicht ohne Auswirkung. Wir haben zum Beispiel einmal mit allen unseren publizistischen Mitteln einen sozialdemokratischen Bürgermeister in

Hamburg, Freund Herbert Weichmann, unterstützt. Er wurde dann mit einer vorher und nachher nie erreichten Mehrheit gewählt, und daran waren wir sicher nicht ganz unbeteiligt. Lokales Fernsehen ist ja noch nicht allgemeine Mode. Das gleiche trifft übrigens während eines langen Zeitraumes auch für die Stadt Berlin zu.

Ich hätte gar nichts dagegen, wenn Sie einen kleinen Untersuchungsausschuß bilden würden und einmal die SPD-Nähe der Springer-Zeitungen über einen langen Zeitraum hinweg untersuchen ließen.

Die SPD schien mir während einer langen Periode die Partei eines geläuterten Patriotismus zu sein, die, engen Nationalismus verachtend, in großartiger Haltung die nationalen Belange unseres Volkes vertrat. An Kurt Schumacher denke ich da und an Fritz Erler, an Ernst Reuter und eben auch an den frühen Willy Brandt.

Als vor einem Jahr das Buch vorbereitet wurde, das eine Anzahl meiner Artikel und Reden enthält und »Von Berlin aus gesehen« heißt, überließ ich die Bebilderung ganz dem Herausgeber und dem Verlag. Nur ein Foto lieferte ich selbst, das ich jahrelang in der Schublade meines Schreibtisches aufbewahrt hatte, weil es mir symbolhaft schien. Ich hatte an dieses Bild viele Jahre so große Hoffnungen geknüpft, daß ich es hütete. Ich meine das Foto, das mich zwei Tage nach seiner Amtsübernahme zusammen mit dem Regierenden Bürgermeister Willy Brandt zeigt – im Jahre 1957. Das Bild erinnert an die Tage, in denen Willy Brandt beispielsweise gesagt hatte: »Wir wollen die Einheit Deutschlands. Wir wollen, daß endlich der Wille der Bevölkerung erfüllt wird. Wir wollen die Hauptstadt Berlin ein einem friedlichen und geeinten Deutschland.«

Das hätte, vielleicht etwas anders formuliert, auch ich sagen können. Auf jeden Fall war ich damals und noch viele Jahre lang voller Hoffnung, in Zusammenarbeit besonders mit der Berliner SPD, ja ganz besonders in Zusammenarbeit mit Willy Brandt, in einer helfenden Funktion mitwirken zu können am gemeinsamen Ziel. Auch als Unternehmer hatte ich Vertrauen zu einer Partei, die in Godesberg die letzten Reste eines Klassendenkens abgeschüttelt zu haben schien. Ich, wie viele andere, glaubte, sie sei auf dem Wege, eine Volkspartei nach amerikanischem Muster zu werden, die sich dort Demokratische Partei im Gegensatz zu den Republikanern nennt.

Wie sehr mich inzwischen der jetzt erfolgte Wandel der SPD und ihrer führenden Männer bedrückt, geht vielleicht am besten aus einem Brief hervor, den ich vor wenigen Wochen dem von mir hochverehrten ehemaligen Bürgermeister Hamburgs, Max Brauer, zu seinem 85. Geburtstag geschrieben habe. Darin heißt es unter anderem: »Wie hat sich doch die Welt verändert. Ich erinnere mich noch genau, wie ich etwa 1946 bei Ihnen erschien, um eine Wohnung für den Verfasser des damals sensationellen Buches ›Stalingrad‹, Theodor Plivier, zu erbitten. Sie entsprachen meinem Wunsche erst, nachdem Sie mich viele Male und immer wieder gefragt haben, ob Herr Plivier auch bestimmt kein Kommunist mehr sei. Schließlich verlangten Sie völlig zu Recht von mir eine persönliche Garantie für die Richtigkeit meiner Beurteilung ... Sie wissen, verehrter Herr Bürgermeister, wie nahe ich in langen Jahren den Sozialdemokraten gestanden habe. Die SPD war für mich zu einer Partei der Patrioten geworden. Und das Godesberger Programm gab mir die Hoffnung, auch als Unternehmer voll ja sagen zu können ...«

Ich sprach von dem Ziel, das mein Haus und mich damals mit der SPD und Willy Brandt einte. Ich kann heute nur feststellen: Mein Haus, meine Freunde und ich, wir streben dieses Ziel noch an. Und wenn man fortfährt, die Abgeordneten, die, ihrem Gewissen folgend, aus der SPD oder der FDP ausgetreten sind, wenn man fortfährt, diese Männer als Überläufer zu bezeichnen, dann soll man mich getrost auch einen Überläufer nennen.

In Wirklichkeit haben natürlich Willy Brandt und seine Freunde die Kehrtwendung gemacht. Ich will, obwohl man das könnte, nun nicht sie als Überläufer bezeichnen. Aber man muß wenigstens aussprechen dürfen, daß sie, die weiße oder die rote Fahne schwingend, hinübergelaufen sind zu den Machtpositionen östlicher Gewalt, die sie noch vor kurzem zu bekämpfen vorgaben. Daß sie übergewechselt sind zu Ansichten in der Außen-, der Wirtschafts- und der Gesellschaftspolitik, die sie zuvor pathetisch von sich gewiesen haben.

Dieser Umschwung von Fraktionen und Parteien war möglich, weil viele in ihren Reihen den Weg mitgegangen sind, die ganz einfach zu allem ja sagen, was die Partei tut oder befiehlt: »Die Partei hat immer recht.« Vor Jahren und in anderem Zusammenhang hätte man sie Mitläufer genannt. Wir wollen dies Wort meiden. Die heute richtige Bezeichnung heißt: Leerläufer.

Dieser neue Weg beider Koalitionsparteien war aber auch möglich – das müssen wir festhalten –, weil es viele Abgeordnete aus Angst vor dem Verlust ihrer wirtschaftlichen Existenz nicht wagen konnten, ihren Überzeugungen treu zu bleiben, wenn diese gegen das Parteidogma verstießen. Ich möchte hier einmal die Frage aufwerfen, und sie soll weit hinausreichen über jede Form der Polemik, sie ist staatspolitisch von größter Brisanz, ob die wirtschaftliche Sicherung von Abgeordneten nicht eine Voraussetzung dafür sein müßte, sie wirklich unabhängig zu machen.

Man versetze sich in die Lage eines Durchschnittsabgeordneten, der strikt bei seiner Überzeugung bleiben will, auch wenn sie gegen die Räson seiner Partei verstößt, und der seinen Beruf aufgegeben oder zumindest eine lange Zeit nicht ausgeübt hat. Wie sieht es aus? Er hat inzwischen Verpflichtungen auf sich genommen, die Raten für das Reihenhaus, die Erziehung der Kinder, die Mitsorge für die alten Eltern, die schwere Operation der Frau und vieles andere mehr. Das ist die tragische Wirklichkeit in allzu vielen Fällen.

Ich glaube, es wäre eine vordringliche Aufgabe unseres demokratischen Staatswesens, Abgeordnete wirtschaftlich so zu stellen, daß sie ihrer Überzeugung, notfalls auch gegen die eigene Partei, treu bleiben können, ohne sich dadurch wirtschaftlich zu ruinieren und ihre Familien dem Nichts auszusetzen. Ich weiß dazu heute kein Rezept anzubieten, aber es lohnt sich wohl, darüber nachzudenken. In der Politik auf Märtyrer als Regel zu setzen ist himmelhoher Unsinn.

Aber ich weiß um die Not solcher Männer im Gewissenskonflikt, die mir oft abends auf den Straßen oder sonntags im Grunewald die Hand drücken und sagen: »Axel Springer, bleiben wenigstens Sie bei der Stange.« Es sind tieftraurige, zutiefst verzweifelte Menschen.

Zu dieser Verzweiflung, zu dieser Enttäuschung bekenne auch ich mich, Haß aber habe ich eben nie gekannt. Es ist die gleiche Verzweiflung, wie sie auch jene Flüchtlinge beherrscht, die sich durch die Unterzeichnung der Ostverträge in eine tiefe Hoffnungslosigkeit gestürzt sehen. Flüchtlinge, die die SPD mit dem Wort »Verzicht wäre Verrat« einmal geködert hatte.

Verzweiflung auch bei den Menschen in der Zone, in der sogenannten DDR, die sich abgeschrieben, einem brutalen totalitären System ausgeliefert sehen.

»Jeder Demokrat hat das Recht zum Widerstand, wenn er etwas nicht für Rechtens ansieht und nicht mit seinem Gewissen vereinbaren kann.« Dieser Satz mag für alle stehen, die jetzt die SPD oder die FDP verlassen haben. Ausgesprochen hat diese These ein Mann, der leidvoll die Nazi- und eben auch die Nachnazizeit durchlebt hat. Der Mädchenname seiner Mutter war

Therese Rosenthal, der Name seines Vaters: Professor Dr. Erich Hupka.

Herbert Hupka wuchs in Ratibor auf und hat später der SPD Hunderttausende von Flüchtlingsstimmen zugeführt. Es ist beschämend, mit welchen Verleumdungen man Hupka zugesetzt hat. Im übrigen will dieser Mann helfen, daß Deutschland nicht zum zweiten Mal Schuld auf sich lädt.

Vor fast vierzig Jahren haben wir versagt, indem wir eine Minorität, damals die deutschen Juden, ihrem Unglück überließen. Nun sieht es so aus, als würden wir ein zweites Mal eine Minderheit ihrem Schicksal überlassen, ein zweites Mal schuldig werden. Glauben wir, uns aus der Geschichte herausstehlen zu können, indem wir die anderen im Unglück sitzenlassen und uns allein über das Sozialprodukt, über Lohnsteigerungen und über Unternehmergewinne unterhalten?

Oft wird mir, sogar von Freunden, die Verwendung des Begriffes Vaterland vorgeworfen. Das sei eine Bezeichnung, die höchstens noch in Israel tragbar sei. Nationalgefühl, Patriotismus seien antiquiert, seien, besonders für die Jungen und die sich jung Gerierenden in unserem Lande, eine indiskutable Sache geworden. Ich frage mich, ob das stimmt und, wenn es stimmt, ob es nicht geändert werden kann, ja soll.

Wenn auf den Sportplätzen der Fußballgeist regiert, etwa bei einem Länderspiel, sagen wir gegen Schweden oder auch Italien, kommt plötzlich eine nationale, ja nationalistische Parteilichkeit, eine Einseitigkeit auf, die man nur noch chauvinistisch nennen kann.

Es müßte einen Weg geben, das Gefühl der Zusammengehörigkeit, so denke ich, das in einem Fußballstadion aufkommt, in geläuterter Form auf den Alltag zu übertragen, es höher anzusetzen. In gesunden Demokratien ist es so.

In einer Analyse der letzten Stunden des jetzt aufgelösten

Bundestages meinte der Kommentator der Tageszeitung »Die Welt« am Schluß: »In Erinnerung an die letzte Sitzung des 6. Deutschen Bundestages fällt auf, daß niemand über Deutschland spricht, so richtig und expressis verbis. Wie kommt das? In welchem Land leben wir eigentlich?«

Dieses Deutschland, sein freier Teil, eine (zudem in Schwierigkeiten geratene) Wirtschaftsgesellschaft auf der vergeblichen Suche nach dem richtigen Staat und einem gesunden, richtigen Selbstverständnis, macht mir Sorgen – mehr als ich hier ausdrükken kann und mag.

In Berlin, wie Sie wissen, dem Hauptsitz unserer Gesellschaft, habe ich manchmal im Schöneberger Rathaus, dem Amtssitz des Regierenden Bürgermeisters, zu tun. Früher gehörte dies beinahe zu meinen fast täglichen dienstlichen Obliegenheiten. Immer wenn ich das Foyer betrete, stockt mein Schritt, und ich verharre vor der Büste eines liebenswerten, verdienstvollen Deutschen, des ersten Reichspräsidenten der Weimarer Republik, Friedrich Ebert, der ein Sozialdemokrat war.

Als Ausdruck eines modernen Patriotismus, wie er mir vorschwebt, weiß ich keinen besseren Zeugen zu nennen als ebendiesen Friedrich Ebert. Ich zitiere aus einer Rede, die er am 18. Januar 1921 anläßlich des 50. Jahrestages der Reichsgründung, über die Grenzen des Landes hinausschauend, gehalten hat: »Unsere innere staatliche Einheit weiter zu erhalten und zu festigen muß unser aller fester Wille sein. Wenn uns auch politische und wirtschaftliche Anschauungen, mehr als gut ist, trennen, in einem sind wir alle einig: Grenzen werden uns nicht trennen. Die Einheitlichkeit unseres Vaterlandes ist für uns alle ein Stück unseres Glaubens, unserer Liebe und unserer Hoffnung.«

Die Wahrheit darf nicht vom Tisch

Achtundzwanzig Jahre nach dem Ende des Zweiten Weltkrieges besuchte im Mai 1973 zum ersten Mal der führende Mann der Sowjetunion die Bundesrepublik Deutschland. Fünf Tage hielt sich der Generalsekretär der KPdSU, Leonid Breschnew, in Bonn auf. In einer von Brandt und Breschnew unterzeichneten Erklärung bekundeten beide Seiten ihren Willen, an der »Verbesserung ihrer Beziehungen« zu arbeiten. Zum Berlin-Problem erklärten sie, daß die »strikte Einhaltung und volle Anwendung« des Viermächte-Abkommens wesentliche Voraussetzung für eine dauerhafte Verbesserung der Beziehungen seien. Für die deutsche Opposition äußerte der damalige Franktionsvorsitzende der CDU/CSU, Karl Carstens, Zweifel, ob die Bundesregierung »fundamentale deutsche Interessen« mit dem nötigen Nachdruck vertreten habe. So vermißte er in der gemeinsamen Erklärung »jeden Hinweis auf die Teilung der deutschen Nation, auf die zahlreichen Unmenschlichkeiten gegenüber einem Teil des deutschen Volkes«. Die Befürchtung, daß bei diesem Besuch die deutsche Sache nicht mit der erforderlichen Festigkeit und Offenheit vertreten würde, drückte Axel Springer in einem Artikel aus, der am 19. Mai 1973 in der »Welt« veröffentlicht wurde.

Es ist oft schwierig, höflich und zugleich ehrlich, diplomatisch und zugleich wahrhaftig zu sein. Am Besuch des sowjetischen Parteichefs zeigt sich das ganz besonders eindringlich.

Die eigene Haltung zu wahren und die eigene Überzeugung zu vertreten ist keine Frage der Höflichkeit. Der Besucher hat Anspruch auf die Glaubwürdigkeit der Besuchten. Leonid Breschnew ist ein wichtiger, ein mächtiger Gast. Ihn die Wirklichkeit eines Staates erleben zu lassen, in dem – bei aller Fehlbarkeit – Freiheit und Wohlstand herrschen, ist willkommen. Er wird wissen, daß Freiheit auch Unbequemlichkeit bedeutet. Nicht nur für uns. Auch für ihn.

Es wird ihm auch bekannt sein, daß offizielle Gastgeber in ihrem Freimut diplomatisch behindert sind, während die freien Bürger jenseits des Protokolls ihm mit größter Offenheit dienen können. So auch die freie Presse.

Sollten Breschnew Opportunismus und vielleicht auch hier und da ein Mangel an Würde begegnen, dann möge er daraus keine falschen Schlüsse ziehen. Deutsche, die es mit den Mitmenschen ernst nehmen, sind leider außerstande, ihm Freundschaft anzubieten. Auch die großen Worte von der Entspannung und der Zusammenarbeit, die Breschnews Weg auf deutschem Boden schmücken, müßten mit kleinen oder großen Schritten in die Täuschung und damit in die Enttäuschung führen, wenn diese Begriffe nicht klar definiert würden.

Seit der Viermächte-Vertrag für Berlin in Kraft getreten ist, hat es zahlreiche und böse Enttäuschungen gegeben. Der Besucher aus Moskau hat Anspruch darauf zu erfahren, daß diese Enttäuschungen manche seiner Gastgeber ganz unerwartet und daher besonders schmerzhaft getroffen haben. Andere, die skeptisch waren, erkennen in der Verfinsterung von heute ihre eigenen Prognosen von gestern wieder. Das läßt sie nicht triumphieren, sondern eher nach neuer Gemeinsamkeit im eigenen Lande suchen.

Verhängnisvoll wäre es, wenn der sowjetische Parteichef in Deutschland den Eindruck gewänne, seine Politik der fortgesetzten Behinderung und Isolierung des freien Berlins würde von uns nur als anfängliches, unbedeutendes Stolpern auf einem doch gemeinsamen Wege mißverstanden. Es sollte ihm die Vermutung erspart bleiben, er sei bei Narren zu Gast. Deshalb muß, was sich für festliche Empfänge nicht eignet, an anderer Stelle ausgesprochen werden:

Hier in Berlin ertrank vor wenigen Tagen trotz des Wortgeklingels von geregeltem Nebeneinander und Miteinander ein Kind, weil es von einem westlichen Ufer in ein östliches Gewässer fiel und westliche Helfer nicht eingreifen durften. Hier in Berlin schlugen über dem Phrasenteppich von guter Nachbarschaft in vielen Salven die Kugeln ein, die auf fliehende Menschen abgefeuert wurden. Nur blinde Ergebenheit, die freien Menschen nicht ansteht, könnte vergessen, daß diese Erscheinungen in die Zuständigkeit des Gastes fallen.

Für einen sowjetischen Politiker, der im Zweiten Weltkrieg schon ein erwachsener Mann war, mag es schwer sein, Deutsche über politische Moral, über Menschenrechte und Grundrechte sprechen zu hören. Er sollte wissen, daß offene Worte zu diesem Thema für uns durch die Einsicht in eigenes Unrecht legitimiert werden, das auch Rußland im Namen Deutschlands angetan wurde.

Weil wir das nicht vergessen, sind wir empfindlich geblieben. Und sind es noch heute gegenüber jeglicher Unterdrückung auch im Ostblock – gegenüber der Verfolgung von Juden und Christen und von Menschen, die frei denken wollen.

Deshalb können wir Leonid Breschnew nicht empfangen, ohne auch an das Schicksal Alexander Solschenizyns und seiner Brüder im Geiste zu denken, die in der Sowjetunion leiden müssen, weil sie nach Freiheit verlangen, die wir nicht erwarben, um sie allein zu besitzen.

Nach allem, was Deutsche einst der Tschechoslowakei angetan haben, wäre es blanker Zynismus, wenn wir beim Ausrollen des roten Teppichs für den sowjetischen Gast das ungelinderte Leid vergäßen, das sich heute mit dem Namen Prag verbindet.

Auch würde es nur einem gefährlichen Scheinfrieden dienen,

wenn ausgerechnet wir Deutsche die schlimmen Nachrichten über gigantische sowjetische Aufrüstungsmaßnahmen in Osteuropa aus mißverstandener Höflichkeit oder aussichtslosem Beschwichtigungseifer mit Stillschweigen übergehen wollten.

Es war Bundesverteidigungsminister Leber, der auf dem SPD-Parteitag in Hannover nachdrücklich auf das Auffüllen des sowjetischen Waffenpotentials in Osteuropa hinwies. »Die Zahl der neu aus der Sowjetunion in die DDR transportierten Panzer übersteigt diejenige aller westeuropäischen Mächte«, signalisierte der Minister und forderte, daß sich Breschnew bei seinem Besuch in Bonn gerade zu diesen Dingen äußern müsse. Wird man auf den einsamen Rufer hören?

Weit und breit ist von der Kooperation, die der Konfrontation folgen sollte, nur zu hören, aber nichts zu sehen. Mit einer Ausnahme: Moskaus Angebote zu wirtschaftlicher und technischer Zusammenarbeit sind durchaus glaubhaft. Als kulanter Kreditgeber, als zuverlässiger Warenlieferant und Exporteur technischen und wissenschaftlichen Fortschritts ist die Bundesrepublik Deutschland der Sowjetunion mehr als genehm. Die bei uns weitverbreitete Bereitschaft, dem Osten immer mehr zu geben, ohne einen entsprechenden Gegenwert dafür zu bekommen, steigert die sowjetische Begehrlichkeit. Man wird sich nicht darüber wundern dürfen, daß die Führung der UdSSR sich für die Verweigerung politischer Leistungen sehr gern auch noch wirtschaftlich begünstigen läßt. Nur sollte das eigentlich nicht unsere Haltung sein.

Die Sowjetunion will vom funktionierenden Wirtschaftssystem unseres Landes profitieren. Zur gleichen Zeit ermuntert sie ihre Anhänger, dieses System zu zerschlagen. Mit welchem Ziel? Etwa mit dem, die wirtschaftliche Potenz der Bundesrepublik Deutschland einmal ganz den eigenen Bedürfnissen dienbar machen zu können? Fiele das Wirtschaftspotential unseres Landes gerade in der Epoche der sogenannten Entspannung dem kommunistischen Block zu, würden die heute so wohlfeilen Schalmeientöne der Freundschaft bald verklungen sein. Soldaten und Panzer hat man im Kreml schließlich genug. Die eigene wirtschaftlich-technische Basis ist es, die den Russen ständig Sorge bereitet.

Schon Ende der fünfziger Jahre sagte mir Konrad Adenauer, wenn es der Sowjetunion gelänge, sich des Wirtschaftspotentials der Bundesrepublik zu bemächtigen, würde Amerika als Weltmacht hoffnungslos auf den zweiten Rang verwiesen. Damals erschien eine solche Überlegung wirklichkeitsfremd, fast grotesk. Heute könnte sie sich als prognostischer Scharfsinn erweisen.

»Das ist des Pudels Kern«, stellte auch ein Wirtschaftsexperte aus den Vereinigten Staaten dieser Tage fest und folgerte: »Deutschland als gesundes Wirtschaftsland des Westens ist für uns von außerordentlicher Bedeutung. Je mehr ihr aber eure Wirtschaft ruiniert, zum Beispiel auch durch sozialistische Experimente, um so uninteressanter werdet ihr für uns.« Hoffen die Sowjets darauf?

Gewiß, es wäre schön, wenn der erste Besuch eines sowjetischen Parteichefs in der Bundesrepublik Deutschland wie ein politisches Erntedankfest gefeiert werden könnte, an dem die Früchte der Entspannung in sichere Speicher gefahren werden, und wenn das gemeinsame Bekenntnis zum Frieden sich auch an den Taten des Staates beweisen ließe, den Leonid Breschnew repräsentiert. Aber wir müßten verlogen sein, wenn wir seinen Besuch so sehen und begehen wollten.

Wahrheit schuldet man sich selbst, seinen Freunden und seinen Gegnern. Wo es als Provokation empfunden würde, wenn sie ausgesprochen wird, könnte kein Schaden angerichtet werden, der nicht schon angerichtet wäre.

Berlin – Hauptstadt der Deutschen

Zum 25. Mal begingen am 8. September 1974 die Vertriebenen den »Tag der Heimat«. In Berlin stand die Kundgebung unter dem Motto »Heimat, Deutschland, Europa – Ende oder Wende?« Hauptredner der Veranstaltung in der mit 4000 Zuhörern überfüllten Charlottenburger Sömmeringhalle war Axel Springer, der 1970 vom Bund der Vertriebenen mit der Plakette »Für Verdienste um den deutschen Osten und das Selbstbestimmungsrecht« ausgezeichnet worden war (siehe oben Seite 31 ff.). Die Sorge um die Zukunft Berlins beherrschte seine Rede. Denn trotz Viermächte-Abkommen, Ostverträgen und Entspannungspolitik ließen die Sowjetunion und die »DDR« nach wie vor nicht davon ab, West-Berlin geistig, wirtschaftlich und politisch isolieren zu wollen.

Ein Mann, der einmal Regierender Bürgermeister dieser Stadt war, sagte vor neun Jahren, als er vor Ihnen zum »Tag der Heimat« sprach: »Wo um Recht, um Menschenrecht, Selbstbestimmungsrecht und Heimatrecht gekämpft wird, ist der Friede nicht gefährdet.«

Das ist eines der Worte, wie sie früher in Berlin oft gesprochen wurden und die man voll unterschreiben konnte. Von Heimat, Menschenrecht und Selbstbestimmungsrecht will auch ich heute sprechen. Und von ein paar anderen Dingen mehr; obwohl man heute ein Feind des Friedens genannt wird, wenn man von Recht und Freiheit spricht.

Die Liste der Redner, die in früheren Jahren hier am »Tag der Heimat« gesprochen haben, ist aufschlußreich. Sie reicht von

Ernst Reuter, Ernst Lemmer über Otto Suhr, Heinrich Albertz und Willy Brandt bis zu Klaus Schütz. Ich bin Ihnen dankbar, daß ich heute vor Ihnen sagen darf, was nach einer bestimmten Ära deutscher Nachkriegspolitik gesagt werden muß. Ich will sprechen über die Politik in der Welt, in Deutschland und in Berlin.

Im engen Sinn des Wortes bin ich kein Vertriebener. Mein Geburtsort ist Altona. Die Stadt an der Elbe mit den offenen Toren in ihrem Wappen. Offene Tore – das hieß offene Tür für alle in Not und auf der Flucht befindlichen Menschen. Vielleicht war es dies, was mir den Sinn geschärft hat für die Sorgen, Nöte und Probleme von Flüchtlingen und Vertriebenen. Und noch etwas zu meiner Standortbestimmung: Altona war Preußen. Es war also kein Umweg nach Berlin. Als Deutscher fühle ich mich heute der Hauptstadt der Deutschen, meinem Berlin, fest verbunden. Und weil ich als Deutscher nicht frei überall hingehen kann, wo Deutschland ist, betrachte ich mich in diesem Sinn als Vertriebener.

Vertrieben von Königsberg, der Stadt Immanuel Kants, des großen deutschen Philosophen, der den kategorischen Imperativ formuliert hat und damit der preußischen Staatsidee die moralische Bindung gab. Vertrieben von Breslau. Aber auch vom Potsdam Friedrichs des Großen, von Nettelbecks Kolberg, von Goethes Weimar.

Zum 25. Mal begehen Sie, der Berliner Landesverband der Vertriebenen, den »Tag der Heimat«. Das ist ein Vierteljahrhundert; aber doch nur ein Atemzug der Geschichte. Ein Einschnitt, der von der Dezimalrechnung bestimmt wird. Ich habe ein differenzierteres Verhältnis zur Zahl. Für mich hat die Zahl 7, die Grundeinheit der Schöpfungsgeschichte, eine starke Symbolkraft. Und es spricht vieles dafür, daß in ihr eine metaphysische und biologische Regel steckt. Sieht man es so, dann sind die vergangenen 28 Jahre seit 1946, seit dem Beginn der Teilung Berlins – 4 mal 7 –, sinnträchtiger als die anonyme Jubiläumszahl des Vierteljahrhunderts. 4 mal 7, das ist Anlaß, an eine Zäsur der Geschichte zu glauben.

Ende der Epoche? Oder Neubeginn? Das ist die Frage. Sie ist das Leitmotiv meiner Ausführungen.

Die meisten von Ihnen wissen um mein Bekenntnis zu Israel. Es entspricht meiner politischen, historischen und religiösen Basis, die ich mir aus meiner Auseinandersetzung mit dem Zweiten Weltkrieg und mit unserer deutschen Schuld erkämpft und erlitten habe. Und Sie wissen, daß ich das deutsche Verhältnis zu Israel und damit die Wiedergutmachung am Volk der Juden als einen Angelpunkt der deutschen Politik sehe.

Nicht nur, weil sich darin die Ernsthaftigkeit unserer Läuterung zeigt, sondern weil ich meine, daß der Beistand für dieses so leidgeprüfte Volk, die Hilfe für seine nationale Sicherheit, uns selbst in unserem eigenen nationalen Existenzkampf zum Segen gereichen muß und uns vor der Welt mehr als alles andere rehabilitiert. Doch das radikale Bekenntnis zur deutschen Schuld, dem ich nicht ein Jota ausweiche, hypnotisiert mich nicht und macht mich nicht geschichtsblind.

Ich vertrete die Meinung nicht nur hinter der vorgehaltenen Hand, daß zur historischen Wahrheitsfindung gehört, was ein so erstaunlicher Geist wie der des Schweizer Historikers Carl Jacob Burckhardt den Westmächten zum Vorwurf gemacht hat: Daß sie nämlich Deutschland nach dem Ersten Weltkrieg den Beistand versagt haben, daß sie es durch Mißtrauen reizten, statt es durch kluges Entgegenkommen zu kräftigen, so lange, bis einer kam, der die Massen mobilisierte und das Volk zur Politik des Dreinschlagens ermunterte. Und vor allem dies – und hier zitiere ich aus einem Brief Burckhardts an den Dichter Hugo von Hofmannsthal vom 12. November 1925. Burckhardt schrieb:

»Alles starrt immer auf Deutschland, als ob alle Entscheidung von dort kommen würde, alle Gefahr dort ihren Ursprung habe, hinter diesem ... Phänomen Deutschland wird man nicht gewahr, was hinter dem Vorhang der deutschen Grenzen gespielt wird.«

Burckhardt meinte Sowjetrußland. In seinem Brief fragte er weiter: »Glauben Sie einen Augenblick, daß, wenn alles ins große Fließen kommt, diese deutsche Republik der ... marxistisch-slawischen Anziehung ... widerstehen wird? Panslawismus mit dem Auftrieb einer neuen Religion?«

Und Burckhardt warnt davor, Deutschland zur Weltgefahr zu machen, während – ich zitiere – »während doch die Bedrohung in Wirklichkeit sich hinter dieser deutschen Fassade, zwischen Baltikum und Stillem Ozean, vorbereitet, in einem räumlichen Ausmaß, das die Menschheit noch nie gesehen hat«.

1925 vorausgesagt!

Und nun hören Sie, was mir 49 Jahre später, vor ein paar Wochen, ein weltberühmter, in Berlin geborener jüdischer Gelehrter aus London schrieb: »Es wäre so viel einfacher, wenn man die Schuld für eine Tragödie mit katastrophalen Folgen, wie es die Hitler-Periode war, den Missetaten einer Nation zuschreiben und durch ihre Beseitigung ihre Wiederholung in Zukunft für immer verhindern könnte. Leider jedoch ist die Wirklichkeit bei weitem nicht so einfach, und Hoffnungen dieser Art sind gefährliche Illusionen. Gleichzeitig mit den Untaten der Hitler-Banden in Deutschland fanden die Verbrechen der Stalin-Tyrannei in Rußland statt, ... deren Anzahl in die ungezählten Millionen geht.«

Das zeigt historisches Augenmaß von derselben Art, wie es Carl Jacob Burckhardt besaß, und trifft genau das Problem.

Ich teile die Auffassung, daß die Völker Opfer der Dämonie werden können. Und ich stehe zu Burckhardt und zu meinem gelehrten Londoner Freund, daß der Sowjetimperialismus das größte und gefährlichste Übel der Welt ist.

Doch das ist der Punkt, wo sich die Geister in unserem Land scheiden. Der amerikanische Senator Henry Jackson, der Kritiker Kissingers, hat immer wieder erklärt, daß Entspannungspolitik auf den Menschenrechten basieren muß. Entspannung gibt es nicht, sagt Jackson – und ebenso George Meany, der Präsident der amerikanischen Gewerkschaften –, ohne daß die Sowjets ihre Gewaltpolitik und ihre unmoralischen Prinzipien aufgeben. Simpler gesagt: ohne daß Moskau aufhört, die Welt mit Gewalt, Lüge und Terror ins sowjetische Joch zwingen zu wollen.

Die Entspannungspolitik ist dann lebensgefährlich, wenn sie nur Hilfsdienst und Komplizenschaft für eine unmoralische, verabscheuungswürdige Gewaltherrschaft über die halbe Welt ist – eine Hölle auf Erden. Viele von Ihnen sind dieser Hölle nur mit Mühe und um einen hohen Preis entkommen. Doch die Gefahr ist nicht gebannt. Wo könnte mit mehr Recht proklamiert werden, daß wir umdenken müssen, als in der Hauptstadt der Deutschen, die auch die größte Flüchtlingsstadt Deutschlands ist?

Hier muß zuerst widerstanden werden. Gerade hier darf nicht kapituliert werden vor den Aggressionen des Sowjetimperialismus. Berlin, das ganze Berlin, ist Moskaus großes Ziel auf dem Wege zum Atlantik. Die Strategie heißt Auszehrung, Aushungern.

Diese Stadt blutet aus. 1973 hatten wir einen Sterbeüberschuß von über 21 000 – das ungünstigste Ergebnis seit 1946! Und fast 10 000 mehr deutsche Bürger verließen die Stadt als zuzogen. Hätten wir nicht einen Gastarbeiterzustrom von 16 000 gehabt, sähe das Ergebnis schlimm aus. Das Schlimmste aber: Das Recht Berlins auf seine Hauptstadtfunktion wird preisgegeben. Seit dem Viermächte-Vertrag leitet Bonn keine Staatsbesuche mehr nach Berlin. Und wo sind die Parteitage, die früher hier stattfanden? Die Verlegung des diesjährigen FDP-Parteitages nach Hamburg wird von den Berlinern mit Recht als die bisher spektakulärste Wohlverhaltensaktion einer demokratischen Partei gegenüber dem Sowjetimperialismus angesehen.

Man kann es nicht oft genug sagen: Berlin hat das ungeschmälerte Recht, Hauptstadt der Deutschen zu sein. Hauptstadt der deutschen Nation, die fortbesteht trotz der mit Gewalt gezogenen Grenze. Das ist ja das Besondere und Ungewöhnliche an Berlin: eine Hauptstadt über Demarkationslinien, Todeszäune und Schandmauern hinweg zu sein.

Eine besondere Stadt: Nicht »eine Stadt wie jede andere«, wie Walter Scheel als Außenminister zu formulieren beliebte. Schauen wir heute auf diese Stadt. Was wird aus ihr? Noch nicht einmal ein Bundesamt zum Schutz der Umwelt will der Osten Berlin zugestehen. Das störe die Entspannung!

Doch Viermächte-Abkommen, Ostverträge und Entspannungspolitik halten auf der anderen Seite den Sowjetblock nicht davon ab, die materielle, die geistige und die politische Isolierung und Blockierung West-Berlins weiter zu betreiben. Innerhalb der letzten zwei Jahre, von August 1972 bis August 1974, haben die »DDR«, die Sowjetunion und andere Ostblockstaaten 63mal den Geist und den Buchstaben des Viermächte-Abkommens und der Ostverträge verletzt. 63mal!

Das reicht von

- der Diskriminierung Berliner Aussteller auf der Brünner Messe und der Internationalen Chemiemesse in Preßburg;
- der Einreiseverweigerung für Westberliner Bild- und Fernsehjournalisten nach Ost-Berlin;
- der Behinderung der Westberliner Feuerwehr beim Rettungsversuch für einen in der Spree ertrinkenden fünfjährigen Jungen;

- der Verdoppelung der Zwangsumtauschbeträge für Reisende nach Ost-Berlin
- bis hin zur jüngsten Schikane des Kremls: durch Verweigerung der Rückgabegarantie Westberliner Kunstwerke von der Ausstellung »Realistische deutsche Malerei des 19. Jahrhunderts« in Moskau auszuschließen.

Dürfen wir zu alldem schweigen? Wenn Berlin den Kampf bestehen soll, wenn es weltoffene, vitale Metropole der deutschen Nation und Glockenturm der freien Welt an der Mauer zur Unfreiheit bleiben soll, dann muß jetzt endlich viel geschehen. Dabei gilt es, nicht nur materielle Vorteile zu bieten, sondern auch ein Bekenntnis zu Berlin zu erzeugen: Hier hängt die Freiheitsglocke der Welt.

Die Menschen müssen wissen, daß sie in die wahre deutsche Hauptstadt gehen. Dieses Recht auf die Hauptstadtfunktion der Nation ist ein Lebensrecht Berlins. Ein unveräußerliches Grundrecht.

Warum wird nicht noch viel mehr getan, jungen Menschen ein richtiges Leben in dieser Stadt zu ermöglichen? Ein Bruchteil der Zinssubventionen und Kredithilfen, die an den Osten gehen, meinetwegen auch ein Bruchteil der Entwicklungshilfe für politisch fragwürdige Länder, die in der UNO gegen die freie Welt das große Wort führen, würde dafür genügen.

Noch immer ist Berlin die größte Industriestadt Deutschlands. Aber das genügt nicht! Ein paar Maßnahmen sind zur Existenzsicherung Berlins unerläßlich:

1. Die Mittel für die Berlin-Förderung dürfen nicht angetastet werden.
2. In- und ausländische Investitionen müssen weiterhin gefördert werden.
3. Es müssen Regelungen geschaffen werden, die Sicherheit des investierten Kapitals zu garantieren.

4. West-Berlin muß ohne Einschränkung in das Rechtshilfeabkommen zwischen Bonn und Ost-Berlin eingegliedert werden.
5. Die Bundesregierung muß für eine lückenlose Auslandsvertretung Berlins sorgen.
6. Ein Luftverkehrsabkommen muß die Einbeziehung West-Berlins in den internationalen Luftverkehr endlich Wirklichkeit werden lassen.
7. Die Bundesregierung muß wirksam gegen die Erhöhung des D-Mark-Zwangsumtausches vorgehen.
8. Der Westen muß jedem Versuch Ost-Berlins widerstehen, als Signatarmacht des Viermächte-Abkommens aufzutreten.

Das sind nur einige Beispiele.

Und wie oft haben mich Besucher aus Amerika, Frankreich und England darauf angesprochen, daß wir viel mehr tun müßten, um unser Berlin zu einem großen Kulturzentrum Europas mit weltweiter Ausstrahlungskraft auszubauen.

Schließlich möchte ich an dieser Stelle auch als ein Freund des Sports ein Wort sagen: Mit vielen Deutschen war ich der Meinung, daß die letzten Olympischen Spiele, wenn überhaupt im geteilten Deutschland, dann in Berlin hätten stattfinden sollen. Auch das Endspiel um die Fußball-Weltmeisterschaft hätte nach Berlin gehört. Aber das ist Vergangenheit. In Zukunft sollten viel mehr solcher großen Sportereignisse nach Berlin verlegt werden.

Doch das genügt nicht: Berlin hat erstklassige Sportanlagen, um die uns die ganze Welt beneidet. Sie sollten den Sportlern aus aller Welt als Trainingsstätten angeboten werden. Hier in Berlin sollten sich Sportler aus allen Ländern und besonders aus der Dritten Welt zusammenfinden. Hier sollten sie trainieren für sportliche Höchstleistungen bei zukünftigen Olympischen Spielen und bei vielen anderen internationalen Sportveranstaltungen. All die Sportler, die hier trainiert haben, werden zu Hause Botschafter Berlins sein.

Wir wissen aus vielen Tatsachen, daß die Sowjets den preußischen Lehrmeister der Kriegskunst, Carl von Clausewitz, sehr genau kennen. Und von Clausewitz stammt der Satz: »Das oberste Ziel eines Krieges ist immer die feindliche Hauptstadt.«

Sie halten sich auch im Frieden daran. Denn auch ihr großer Führer Lenin hat gesagt: »Wer Berlin hat, hat Deutschland, und wer Deutschland hat, hat Europa.« Und wer glaubt, der tote Lenin sei heute bei den Sowjets nicht mehr aktuell, dem sei ins Gedächtnis gerufen, daß der sowjetische Botschafter am Rhein, Valentin Falin, immer wieder davon spricht, daß im Verlauf der historischen Entwicklung West-Berlin der »DDR« wie ein reifer Apfel zufallen werde.

Die Sowjets wollen die deutsche Hauptstadt Berlin und dann ihren Anspruch auf ganz Deutschland erheben.

Was wir wollen, ist: Berlin muß, gerade jetzt, nach 28 Jahren, das Zentrum einer weltoffenen, friedliebenden, fleißigen und tapferen deutschen Nation sein. Auch – und gerade solange die Nation geteilt ist. Berlin ist Testfall. Hier müssen wir Frieden und Freiheit gewinnen. Hier – in Berlin!

Dabei muß unmißverständlich klar sein, daß niemand bei uns ans Gewehr denkt. Niemand von uns will schießen. Im Gegensatz zu denen drüben, die mitten im Frieden in unsere Häuser schießen und entgegen den internationalen Abmachungen ständig marschieren, paradieren und mit ihren Waffen klirren.

Unser Gewehr ist das Recht. Unsere Forderung Selbstbestimmung, wie es in der UNO-Charta verbrieft ist. Der Weg zur Wiedervereinigung führt nur über die Selbstbestimmung. Menschenrecht, Heimatrecht, Selbstbestimmungsrecht sind deshalb das Dreigestirn unserer Hoffnung. Man darf nicht nachlassen, dem Gerede von der »Anerkennung der Realitäten« als Legitimation für Landverzicht und Teilung der Nation mit aller Entschiedenheit entgegenzutreten.

Das Selbstbestimmungsrecht gilt auch für die Ostgebiete. Der früher dort ansässigen Bevölkerung kann dieses Recht auch nicht durch Austreibung genommen werden. Folgendes ist gültiges Völkerrecht: Über Ostpreußen können nur die Ostpreußen, über Schlesien nur die Schlesier entscheiden.

Als nach dem Zweiten Weltkrieg über das Schicksal des Saarlandes entschieden wurde, haben nur die Saarländer abgestimmt und sich für Deutschland entschieden. Frankreich hat das selbstverständlich anerkannt.

Das Votum einer Bundestagswahl als Ersatz für Selbstbestimmung zu nehmen ist nicht zulässig. Wenn wir internationalen Anspruch auf Respekt erheben, wenn wir nicht aus der Geschichte ausscheiden wollen, dann dürfen wir nicht einen Millimeter von diesem Recht zur Selbstbestimmung abweichen.

Für die Männer im Kreml gilt nicht das Recht, sondern die Macht. Sie zielen auf eine revolutionäre Durchdringung unseres Landes, der im geeigneten Augenblick die militärische Drohung an die Seite treten soll, um den Widerstand gegen einen Umsturz zu paralysieren. Den Beweis für diese These liefert die »Prawda«. Dort lesen wir am 19. Januar dieses Jahres: »Die Schärfe der Klassengegensätze im kapitalistischen System hat heute die Stufe erreicht, auf der in jedem Moment in dem einen oder anderen Kettenglied eine Situation eintreten kann, die den Weg der radikalen revolutionären Umgestaltung öffnen wird. Entschlossenheit, revolutionäre Bereitschaft und aktives Handeln der Avantgarde der Arbeiterklasse sind Bedingung, um die vorhandenen Möglichkeiten in die Tat umzusetzen.«

Ein Zonenfunktionär hat dies in Helsinki ins Umgangsdeutsch übersetzt, indem er sagte: »Nachdem den Westdeutschen die Formel von der Wiedervereinigung auf den Lippen erstorben ist, werden wir sie übernehmen und die Wiedervereinigung auf sehr praktische Weise durchsetzen.«

Zu diesem sowjetischen Konzept gehört die Vorbereitung zur militärischen Erpressung. Ich beziehe mich hier nicht auf NATO-Informationen, sondern auf chinesische Erkenntnisse, wie sie in diesen Tagen auch in erstaunlicher Offenheit in Peking dem CDU-Vorsitzenden Helmut Kohl vorgetragen wurden.

Danach ist das sowjetische Militärpotential heute viel stärker in Europa konzentriert als an der Grenze zu China. In dem Gespräch wird mit verblüffender Deutlichkeit wiederholt festgestellt, daß die Chinesen nur »eine und einzige deutsche Nation« kennen. Man distanzierte sich klar von der »DDR«, die in »unbedingter Abhängigkeit« zu Moskau stehe. Den Deutschen haben die Chinesen geraten, die Sowjetunion weder zu überschätzen noch zu unterschätzen und in der Deutschland-Frage »einen langen Atem zu haben«.

Ich bin froh zu wissen, daß auch Bundeskanzler Helmut Schmidt eine Reise nach Peking schon angesagt hat. Für die Sowjets, das bestätigten uns auch die Chinesen, heißt das nächste Ziel Europa, mit anderen Worten: zunächst die Bundesrepublik Deutschland.

Zur Einschüchterung der Deutschen in der Bundesrepublik und zur Lähmung ihrer Widerstandsbereitschaft hat das östliche Lager ein reichhaltiges Instrumentarium. Dazu gehören auch die Terrorurteile gegen Fluchthelfer. Sie ergänzen die Todesmaschinen am Zaun. Lassen Sie mich deshalb zu diesem sehr wichtigen Kapitel etwas sagen. In den Zuchthäusern der »DDR« sitzen zur Zeit mehr Fluchthelfer, als beim Sturz der griechischen Militärjunta Gefangene auf der Strafinsel Jaros waren. Diese sogenannten Fluchthelfer sind, wie wir wissen, zum Teil zu infernalischen Strafen verurteilt – zu 10, 15 Jahren. So bestraft man sonst Mörder.

Die Honeckerschen Zuchthäuser sind in nichts besser als Jaros. Doch ich sehe keine Fernsehreportage darüber. Es gibt keinen Demonstrationsmarsch. Keine UNO-Petition. Wer mir antwortet, die zum Himmel schreienden, brutalen Urteile gegen die Fluchthelfer seien in der Verfassung und den Gesetzen der »DDR« begründet und müßten deshalb respektiert werden, dem sage ich, die Judenverfolgungen des Hitler-Regimes und die Bestrafung von Leuten, die Juden Fluchthilfe gewährten, waren auch in Gesetzen verankert.

Aber wo ist jemand, der es wagt, die Todesurteile und Zuchthausurteile dafür für Rechtens zu erklären? Wurden NS-Richter und -Schergen nicht dafür bestraft? Soll die Besinnung auf Recht und Moral wieder warten bis zur Entbolschewisierung? 158 Fluchthelfer sind nach unserer Kenntnis bisher zu über 800 Jahren Zuchthaus verurteilt worden. 30 bis 40 Urteile werden noch geheimgehalten. Mehr als 100 Fluchthelfer sitzen noch in Untersuchungshaft.

Bei uns wird diese schreckliche Tatsache verharmlost, indem wir die Rederei von der sogenannten kommerziellen Fluchthilfe nachplappern. Das soll die Fluchthelfer zu gewissenlosen Geschäftemachern degradieren und unser Gewissen beruhigen. Als ob die drüben einen Fluchthelfer, der sich seine Auslagen nicht erstatten ließe, etwa nicht verurteilen würden!

Ich habe dieser Tage erschüttende Unterlagen über die Flucht von drei jungen Menschen in meine Hände bekommen. Unter Zuhilfenahme einer Fluchthelfergruppe flohen sie aus Ost-Berlin – über Ungarn, Rumänien und Jugoslawien – in die Bundesrepublik Deutschland. Diese Geschichte untermalt nicht nur die ganze Tragödie Deutschlands. Sie demonstriert auch, was junge Menschen auf sich nehmen, um der Unfreiheit zu entkommen.

Ein paar tausend Meter von diesem Platz hier, wo wir versammelt sind, lebten sie; aber um in die Freiheit zu kommen, brauchten sie für diese Distanz einen Umweg von rund 3000 Kilometern. Eine Kette von Helfern war eingeschaltet. Zehnmal ging es illegal über eine Grenze. Verschweißte Behälter in umgebauten Autos dienten als Verstecke. Zu Fuß ging es über ungarische Schleichpfade, durch regennasse rumänische Maisfelder und über jugoslawische Rübenäcker. Zwei wurden in einem der Transitländer entdeckt. Samt Helfer verurteilt. Von einer neu eingeschleusten Helferin freigekauft. Wieder entdeckt. Wieder verurteilt. Wieder freigekauft.

Dann begann die Odyssee von neuem: In kleinen Hotels versteckt. Bei Nacht und Nebel aus der Stadt. Gefährliche Treffs mit dem Helfer. Wieder stundenlang durch Kartoffeläcker gerobbt, durch Getreidefelder gekrochen und über Pirschwege geleitet. Tagelang in dürftigen Verstecken.

Der Zeitplan klappte nicht. Neue Helfer jenseits der Grenze werden verpaßt. Das zweite Fluchtauto geht verloren. Über die Grenze zurückgeschickt. Vor Gericht gestellt. Verurteilt zu einem Jahr Gefängnis. Wieder freigekauft. Von neuen Helfern mit Perücken versorgt, weil die geschorenen Köpfe der Häftlinge verräterisches Indiz für Kopfjäger sind. Und dann endlich frei.

14 Wochen dauerte das Abenteuer. 14 Wochen – 98 Tage –, was drüben in einem Café mit dem ersten Fluchtplan begann, ein paar Steinwürfe von hier entfernt. Die Kosten der Flucht betrugen, belegt und umgerechnet, über 40 000 DM. Das Honorar der Fluchthelfer war, gemessen am Einsatz, bescheiden.

Natürlich, diese Fluchthelfer sind Legionäre. Aber im Dienst der Freiheit. Für Ängstliche und Theoretiker ist das kein Geschäft. Doch der Einsatz ist legitim im Sinn der Moral und der UNO-Charta. Die Tatsache, daß die Fluchthelfer Sold nehmen, schmälert weder ihre Aufgabe noch ihren Einsatz. Wo Krieg ist, braucht man Soldaten. Wo das Unrecht regiert, braucht es praktizierende Anwälte der Freiheit. Und kein Anwalt arbeitet umsonst. Auch die Juden, die Sozialisten, die Kommunisten, die Konservativen, die aus Hitler-Deutschland entflohen, haben ihre gefälschten Papiere und ihre Lotsen bezahlen müssen und gern bezahlt. Hat man ihre Helfer nach dem Krieg etwa verurteilt?

Die Franzosen sind stolz auf ihre Fluchthelferorganisationen, die während der deutschen Besatzung bedrohte oder nach Freiheit dürstende Bürger außer Landes brachten. Sie werden geehrt. Wir zeichnen mit Recht Deutsche aus, die jüdische Mitbürger beschützt und ihnen zur Flucht verholfen haben. Die Kommunisten machen einen Mythos aus den Helfern ihrer Untergrundkämpfer in kapitalistischen Ländern.

Wir aber verurteilen die Fluchthelfer unserer Tage moralisch, wir lassen sie im Stich und lassen zu, daß sie im Zuchthaus auch noch der Diffamierung anheimgegeben werden. Ja, wir verurteilen sie selbst hier in Berlin, in unserem eigenen Zuständigkeitsbereich, zu Gefängnisstrafen. Ich halte das für eine Schande und schäme mich dafür.

Die Menschheitsgeschichte ist erfüllt von Fluchtschicksalen. Der Apostel Paulus wurde von Fluchthelfern in einem Wäschekorb über die Stadtmauer von Damaskus bugsiert und so für seine Rolle als Organisator der christlichen Kirche gerettet. Martin Luther hätte ohne den landesherrlichen Fluchthelfer und ohne Fluchtversteck auf der Wartburg die Bibel nicht übersetzen können.

Ungezählt viele Große der Menschheitsgeschichte trugen das Los des Flüchtlings: vom biblischen Jakob, dem Vater Josephs, über Freiheitskämpfer, Könige, Diktatoren, Staatsgründer und Revolutionäre, Dichter und Künstler aller Kulturepochen bis hin zu Karl Marx, Lenin, Einstein, Solschenizyn und Maximow. Das Verzeichnis ist unerschöpflich. Willy Brandt war Flüchtling,

Heinz Kühn. Viele andere Sozialdemokraten. Haben sie ihre Fluchthelfer vergessen?

Und wie ungezählte Einzelmenschen unter das apokalyptische Gesetz der Flucht getrieben und von ihm geprägt wurden, so zieht sich das Schicksal des Vertriebenseins auch durch ganze Völkerschaften, Volksgruppen, Glaubensgemeinschaften, politische Minderheiten und Sekten. Die aus England stammenden Mayflower-Pioniere gründeten Amerika. Die Hugenotten besiedelten und beseelten Preußen. Nichts aber ist vergleichbar mit den Fluchtwellen des jüdischen Volkes, die aus grauer Vorzeit bis in unsere Tage an die Gestade der Epochen brandeten.

Ihnen brauche ich nicht zu sagen, was Flucht und Vertreibung bedeuten. Sie gehören zu den Millionen, die aus der Heimat vertrieben wurden, durch Hitze und Eiseskälte, zu Schiff oder im Treck, in verdreckten Eisenbahnwaggons oder in endlosen Fußmärschen. Über zwei Millionen sind auf den Straßen des Elends umgekommen. Alexander Solschenizyn hat mit seinem epischen Gedicht »Preußische Nächte« den zahllosen Flüchtlingen ein großes literarisches Denkmal gesetzt und das Inferno mit den Augen eines aufgewühlten russischen Offiziers geschildert, der zum Dichter wurde. Er hat nichts beschönigt.

Es wirkt im Nachhinein wie ein Wunder, daß diese Massenaustreibung aus dem Osten des Reiches und die Millionen Flüchtlingsströme bei uns nicht zum Chaos geführt haben. Kalkuliert hatte Stalin diesen Effekt mit Sicherheit. Ihr diszipliniertes Verhalten, ihr Fleiß, ihre Kraft und ihre Selbstvertrauen haben den Stalinschen Wechsel aufs Chaos zu einem Pluspunkt unseres Wirtschaftswunders gemacht. Sie haben erneut bewiesen, daß Vertriebene Geschenke Gottes sein können. Ihre Tränen trugen Früchte.

Voraussetzung dazu war die freiheitliche Staats- und Wirtschaftsordnung in unserem Land. Unterstützt von allen Parteien und der damals noch hart antibolschewistisch geführten Gewerkschaftsbewegung.

Die Vertriebenen sind für ihr diszipliniertes und opferbereites Verhalten oft belobigt worden. Honoriert hat man es ihnen aber nicht! Heute frage ich mich manchmal, ob nicht zuweilen größere Aktivität am Platz gewesen wäre. Auf alle Fälle ist sie jetzt am Platz.

16,5 Prozent der Gesamtbevölkerung in der Bundesrepublik Deutschland sind Vertriebene. Sie sind nicht, wie man so oft hört, ein Rentnersektor. Sie spiegeln unsere Bevölkerungsstruktur genau wider: Mehr als ein Drittel sind 14- bis 44jährige. Fast ein Viertel sind Jugendliche bis zu 14 Jahren. Die über 65 Jahre alten stellen nur 13 Prozent.

Der Weg zu einem bolschewistischen Deutschland ist mit Nachgiebigkeit gepflastert. Appeasement nannten es die Angelsachsen – auf Hitler bezogen. Auch sie glaubten lange, durch Nachgiebigkeit und Wohlverhalten sich Ruhe verschaffen zu können. Aber Diktatoren deuten das anders.

Ich meine, wir sollten diesen Weg nicht noch einmal gehen. Ich glaube, daß die Geschichte nicht auf das Ende eines freiheitlichen, wieder gesundeten Deutschlands zielt, sondern auf ein geläutertes Deutschland als achtbares Kernstück eines freien, starken christlichen Europa.

Ich bin zwar nicht der Meinung, daß Gott ein Deutscher ist. Aber ich glaube daran, daß Gnade und Gerechtigkeit sein Zepter und sein Gesetz sind. Und deshalb glaube ich, daß wir Deutschen in seiner Weltordnung einen Platz haben – wenn wir nicht freiwillig abdanken und unser Land selbst zu Sodom und Gomorrha machen.

Das Volk Israel hat 2000 Jahre lang auf seine Heimkehr gehofft und an seine Rückkehr in die Hauptstadt geglaubt. Und es ist heimgekehrt. Wir sollten dieses Beispiel vor Augen haben, wenn wir darangehen, unserer Politik neue Impulse zu geben. Wir sollten uns nicht irremachen lassen. Wir sollten auf die großen Linien der Geschichte blicken. Und auf ihre großen Lehren hören.

Es war ein deutscher Romantiker, Joseph von Eichendorff, aus Oberschlesien, Lützower Jäger, Preuße und Europäer, der den Freiheitskriegen die Prophezeiung voranstellte, mit der ich schließen möchte:

Denn eine Zeit wird kommen,
da macht der Herr ein End';
da wird den Falschen genommen
ihr unechtes Regiment.

Die Stärke, die allein den Frieden sichert

Entspannung (Détente) war in der Ost-West-Politik jahrelang das Schlagwort, mit dem die Sowjetunion ihre wahren Absichten maskierte. Am 1. März 1976 sagte der amerikanische Präsident Gerald Ford: »Ich gebrauche das Wort ›Détente‹ nicht mehr. Was wir sagen müssen, ist, daß sich die Vereinigten Staaten mit anderen Supermächten – der Sowjetunion, China und anderen – treffen, um eine Minderung der Spannungen zu suchen, damit wir eine Politik des Friedens durch Stärke fortsetzen können.« Axel Springer, der immer vor einem leichtfertigen Umgang mit dem schillernden Begriff »Entspannung« gewarnt hatte, nahm die Äußerung des amerikanischen Präsidenten zum Anlaß, in einem Artikel die weltpolitische Szene im Frühjahr 1976 zu beschreiben. Der Beitrag erschien am 7. März 1976 in der »Welt am Sonntag«.

In wenigen Tagen traf vieles zusammen, was zu einem einzigen großen Thema gehört: dem Sein oder Nicht-mehr-Sein der freien Welt.

In Amerika trennte sich der Präsident von dem Köder in der Falle des sowjetischen Imperiums, dem Begriff »Détente«, zu deutsch »Entspannung«, und proklamierte dafür wieder eine »Politik des Friedens durch Stärke«.

In London sagte Alexander Solschenizyn: »Der Westen steht am Rande des Zusammenbruchs, den er mit eigener Hand bewerkstelligt. Die Sowjetunion braucht keinen Atomkrieg zu führen, um den Westen zu erobern – sie kann ihn sich so nehmen.«

Im sowjetisch besetzten Teil Berlins beging die SED-Armee paradierend, auftrumpfend und waffenklirrend den 20. Jahrestag ihrer militaristischen Existenz.

In Bonn und im freien Berlin wurde darüber gegrübelt und gehadert, ob es wohl erlaubt und zu wagen sei, daß der Ältestenrat des deutschen Parlaments im Reichstag eine Sitzung abhalte.

Während in Bonn der Regierungssprecher eingestand, daß West und Ost sich niemals darüber geeinigt haben, was unter dem »schillernden Begriff Entspannung« zu verstehen sei, sprang ein junger Deutscher aus dem Bereich der sowjetischen Bajonette auf einen fahrenden Güterzug und entkam glücklich in die Freiheit.

Zur gleichen Zeit, in der auf dem sowjetischen Parteitag in Moskau der Mann, nach dem die »Breschnew-Doktrin« benannt ist, den Einmarsch seiner kubanischen Söldner und den Sieg seiner Waffen in Angola von den jubelnden Delegierten feiern ließ, rüsteten sich die Helfer seines Imperiums in Mozambique, Rhodesien zu erobern und das ganze südliche Afrika unter das Brandmal des Sowjetsterns zu stellen. Der deutsche Bundeskanzler aber läßt die kommunistische Eroberung Angolas nicht als Gegensatz zur Entspannungspolitik gelten.

Sein oder Nichtsein: Über Südostasien wehen die roten Fahnen der kommunistischen Eroberer.

Deutsche Parlamentarier, Intellektuelle und Journalisten zerstreiten sich darüber, ob Kommunisten Lehrer und Richter, Ministerialbeamte und Universitätsrektoren werden dürfen.

In Rom und in Paris rüsten die kommunistischen Parteien im Schutze einer Maskerade der Eigenständigkeit zur Machtergreifung auf dem Wege der Volksfront mit den Sozialisten oder des »historischen Kompromisses« mit den Christlichen Demokraten.

In Sibirien aber ziehen die Sträflinge weiterhin bei klirrendem

Frost aus ihren Baracken zur Sklavenarbeit. Und in den Gefängnissen des unbefreiten Deutschlands warten die Häftlinge hinter Schloß und Riegel, die einen Fluchtweg aus dem kommunistischen Joch gesucht hatten.

In der Tschechoslowakei stehen die Invasionstruppen des Jahres 1968 nun schon im achten Jahr, und um das Grab des jungen Jan Palach, der sich in der Not seines Volkes verbrannt und geopfert hatte, ist es still.

In der Sowjetunion rollen die Panzer vom Fließband, laufen die Atom-U-Boote vom Stapel, füllen sich die Arsenale der Nuklearwaffen, mehren sich die Raketenrampen und ihre Geschosse.

Die amerikanischen Weizenschiffe nehmen weiterhin Ostkurs und speisen das imperialistischste Land der Erde, in dem zehn Kolchosbauern nach mehr als einem halben Jahrhundert sowjetischer Herrschaft noch immer weniger erarbeiten als ein amerikanischer Farmer.

Die Bundesregierung dehnt die Ideologie der Ostpolitik auf die Dritte Welt aus und macht sich bereit, auch Ländern kommunistischer Prägung Entwicklungshilfe zu leisten. Und die Bundesrepublik wird auch die Erneuerung der Autobahn nach Berlin bezahlen, für deren Benutzung aus westdeutschen Steuergeldern auch danach Gebühren von mehreren hundert Millionen Mark jährlich entrichtet werden müssen.

Eilfertig und devot pilgert die Diplomatie Westeuropas, angeführt von Frankreich, nach Luanda, der Hauptstadt Angolas, um dem neuen Satelliten Moskaus Anerkennung und Anerbietung zu servieren. Der Kreis schließt sich.

Das ist die Szenerie, in der Präsident Gerald Ford dem Entspannungskult den Abschied gab, weil er erkannte, daß seinem Volk eine Fortsetzung der weltweiten Begünstigung des Ostblocks durch den Westen nicht mehr zugemutet werden kann.

Wenn die Bürger wählen, werden die Modekünstler der weltweit gescheiterten Politik des »Peace-Movement« und des »Bridge-Building« ausgezählt werden – im doppelten Sinne des Wortes.

Die freie Welt beginnt umzudenken. Spät, kurz vor dem Punkt, an dem es keine Umkehr mehr gegeben hätte, weithin verirrt in die schutzlosen Bereiche zerstörten Urteilsvermögens und eines erkrankten, gelähmten Willens zur Selbstbehauptung.

Wer nicht taub war gegen das Triumphgeheul kommunistischer Siegesgewißheit, wer nicht blind war gegen die Vermehrung des Unrechts und die Verminderung westlicher Willenskraft, hatte darauf gewartet, daß ein Staatsmann der freien Welt Alarm geben, den Kapitulationszug stoppen, die Weichenstellung korrigieren würde, ehe es zu spät war.

Die Verschrottung des Entspannungsbegriffes durch Präsident Ford kann ein solches Signal sein. Sein Appell, endlich wieder die Wirklichkeit zu erkennen, kann das »Halt« für den Zug in die Niederlagen bedeuten. Sein Wort vom »Frieden durch Stärke« ist auf jeden Falle eine Korrektur der politischen Gleisführung.

Daß Männer wie der Gewerkschaftsführer George Meany, der ehemalige Verteidigungsminister James Schlesinger, die Präsidentschaftskandidaten Senator Henry Jackson und Gouverneur Ronald Reagan, daß die erwachenden Bürger seines Landes ihn dazu gebracht haben, ist wahrscheinlich. Wichtig ist, daß der Präsident zu verstehen beginnt, worum es geht. Und entscheidend wird sein, daß seine Worte in die Tat umgesetzt werden.

Der Frieden solle »sicherer gemacht« werden, wurde gesagt, als die hochmütigen Vorreiter und Herolde der verhängnisvollen Entspannungspolitik die Warnenden und Mahnenden als »Kalte Krieger« zu verteufeln versuchten. Aber der Frieden wurde nicht nur nicht sicherer, er nahm schweren Schaden. Es brannte in aller Welt, und die Sowjetmacht pflanzte ihre Siegeszeichen in die Felder, auf denen der Westen gesät hatte, aber der Osten die Ernte einbrachte.

Die Schwäche der freien Welt war vor allem auch eine Schwäche ihres Gedächtnisses – vergessen der Einfall in Südkorea vor 26 Jahren; vergessen der deutsche Volksaufstand von 1953; vergessen die blutige Zerstörung des ungarischen Freiheitswillens 1956; vergessen die Knebelung der Tschechoslowakei 1968; vergessen die polnischen Arbeiterdemonstrationen 1970, die vom Feuer der Miliz zusammengeschossen wurden. Vergessen auch die sowjetische Beteiligung am Angriffskrieg gegen Israel 1973. An Lehren hat es nicht gefehlt, aber an der Bereitschaft zum Lernen.

»Eure Partner«, rief Alexander Solschenizyn in London dem Westen zu, »haben einen so schweren Stein in der Hand, daß sie euch mit einem Schlage töten könnten.« Der neue amerikanische Verteidigungsminister Donald Rumsfeld hatte gewarnt, der Osten sei in der Lage, den Westen jederzeit in einem Blitzkrieg zu überfallen.

Jahrelang wurden alle, die sich nicht täuschen ließen, dem Hohn der Mitläufer empfohlen, wurden ihre Stimmen unter den Federkissen der Entspannungspolitik fast erstickt. Jetzt ist das Wort von der Stärke, die allein den Frieden sichert, wieder aus dem Weißen Haus erklungen. Aber es wird abermals verhallen und verfallen, wenn die Völker des Westens nicht bereit sind, wozu ihnen Solschenizyn rät: für die Freiheit Opfer zu bringen.

Kein Aufschrei geht durch unser Vaterland

In einem Festakt im Alten Residenztheater in München wurde am 18. Juni 1976 dem Berliner Verleger Axel Springer die Jakob Fugger-Medaille verliehen. Die Auszeichnung wurde begründet mit den »überragenden Leistungen Axel Springers als Verleger und Publizist«. Gleichzeitig werden damit, wie es in der Urkunde heißt, Axel Springers persönliche, mit Tat und Opfer verbundene Anstrengungen um die deutsche Aussöhnung mit der Welt, sein Bekenntnis zu Deutschland gewürdigt. Der Vorsitzende des Kuratoriums der Stiftung, Dr. Edmund Banaschewski, hob in seiner Laudatio hervor, Axel Springer verteidige das freie Berlin und setze sich für die Wiederherstellung der deutschen Einheit in Freiheit ein. Unter persönlichen Gefahren wirke er gegen die Unfreiheit in der Auseinandersetzung mit Radikalismus und Kommunismus. Vor führenden Persönlichkeiten aus Politik, Kultur und Wirtschaft Bayerns hielt der Mainzer Soziologe Professor Dr. Helmut Schoeck den Festvortrag »Anpassung oder Apokalypse – die falsche Alternative in der Ostpolitik«. Axel Springer stellte seine Rede unter das Thema »Über den Staat und das Vaterland«.

»Als Deutschland durch seine Zwietracht nichts mehr war, umfaßte mein Herz seine Einheit und Einigkeit.« Dieses Wort von Ernst Moritz Arndt darf ich meinen heutigen Ausführungen vorausschicken, so, wie ich es meinem Buch »Von Berlin aus gesehen« voranstellte, dessen Nachwort der unvergessene Karl Theodor Freiherr von und zu Guttenberg schrieb.

Dem Kuratorium der Stiftung Jakob Fugger-Medaille danke

ich aufrichtig für die hohe Auszeichnung, die mir als Verleger und Publizist hier und heute zuteil wird. Ich danke nicht zuletzt auch deshalb, weil dieser große Name Jakob Fugger für den ersten internationalen Handelsherrn aus Deutschland steht, der auch zu den Vätern der Zeitung gerechnet werden kann. Die Feierlichkeit der Stunde soll mich nicht verführen, meinen Dank in beengender Konvention zu sagen.

Wenn über die Leistung des Verlegers, der vor Ihnen steht, gesprochen wird, so muß ich das Lob weitergeben. An die vielen Mitarbeiter meines Verlagshauses, an die Männer und Frauen um mich herum: die der ersten Stunde und die Bemühten und Tüchtigen der Gegenwart. Ich müßte das Lob aber auch weiterreichen – und jetzt formuliere ich zaghaft und zögernd – an jene geheimnisvolle Kraft, die das Gelingen allen Ringens und allen Mühens überhaupt erst ermöglicht. Wilhelm Raabe sagte: »Was sind wir allesamt anderes als Boten, die versiegelte Gaben zu unbekannten Leuten tragen.«

Wie sehr habe ich doch einen Satz meines väterlichen Freundes verstanden, des Ende vergangenen Jahres zu seinem Gott gegangenen tapferen Berliner Propstes Heinrich Grüber, der in dunkelster Zeit das Licht des anderen Deutschland zeigte. Er sagte einmal: »Ich bin auf nichts in meinem Leben stolz.«

Wir, die wir auf ihn so stolz sind, wissen, was er meinte. Er wollte nicht Leistung und Leistungsprinzip außer Kraft gesetzt haben; er wollte klarstellen, daß der Christ um die verliehenen Gaben weiß. Selbst seine weit in unsere Zeit strahlende Charakterstärke, die ihn mit den ihm anvertrauten Juden ins Lager gehen ließ, wollte er nur als eine solche Leihgabe verstanden wissen.

Der Propst von Berlin blieb überdies sein ganzes Leben lang mutig, bis hin zu jenem Gespräch mit uns vor seinem 80. Geburtstag, in dem er Stellung zur aktuellen deutschen Politik nahm. Darin nannte er die Unterzeichnung des Grundvertrages zwischen der Bundesrepublik Deutschland und dem Regime im gequälten Teil unseres Landes eine der schlimmsten Stunden deutscher Geschichte, in der Breschnew über Bismarck gesiegt habe.

Aus der Verleihungsurkunde und den ehrenden Worten von Dr. Edmund Banaschewski entnehme ich auch, daß neben der Arbeit als Verleger meine Anstrengungen um die deutsche Aussöhnung mit der Welt und mein Bekenntnis zu Deutschland Ihre Aufmerksamkeit gefunden haben und für würdigenswert gehalten werden. Dieser Zuspruch tut mir unendlich wohl. Er hilft mir. Ich danke Ihnen aufrichtig, daß diese Ermutigung in einer Zeit gegeben wird, in der die Materie vollends zu siegen droht und Einigkeit und Recht und Freiheit aufs äußerste bedroht sind.

Und noch eins zu meinem Dank: Ich gestehe offenherzig, daß ich es als eine ganz außergewöhnliche Ehrung empfinde, hier in Bayerns geist- und stilvoller Metropole ausgezeichnet zu werden und zu diesem Anlaß so viele verdiente bedeutende Männer versammelt zu sehen. An einer Stätte, deren herrliche Cuvilliés-Dekorationen neben denen Potsdams zu dem glanzvollsten Rokoko unseres Landes gehören.

Gleich nach Berlin liegt mir München am Herzen. Denn Bayern ist Staat. Hier ist Volk, nicht Gesellschaft – dieses überstrapazierte Wort. Das politische Augenmaß, das bei Ihnen wirkt und das sich von so manchem Bonner politischen Amateur wohltuend abhebt, wurde für mich bei Ihrem Gang nach Karlsruhe exemplarisch deutlich.

Damals ließ sich Bayern von keinem Unkenruf und keiner kleinmütigen Beschwörung abhalten, dem Bundesverfassungsgericht die Möglichkeit zu schaffen, den Ostverträgen wenigstens rechtspolitisch einige Riegel vor die Ausverkaufstore zu legen. Der Bundesregierung und unserem Volk wurde auf diese Weise der Verfassungsauftrag in Erinnerung gebracht, die deutsche Einheit in Freiheit als oberstes Ziel deutscher Politik anzuerkennen. Seitdem hat mein preußisches Herz ein noch stärkeres bayerisches Nebengeräusch.

Ich komme zu Ihnen von meinem Haus an der Mauer in Berlin, jener Stadt, die heute stellvertretend für ein friedvolles Deutschland im Herzen Europas steht. Ich glaube überdies, daß wir aufgerufen sind und daß es eine der Wiedergutmachungs-Aufgaben ist, unser in die Mitte des Kontinents gestelltes Deutschland zu einem Stabilisierungsfaktor eines freiheitlichen Europa zu machen. Das aber kann man ohne Berlin nicht tun und nicht wollen.

Hier fühle ich überdeutlich: Es ist unsere Pflicht, die Idee des ungeteilten deutschen Vaterlands in unserem Herzen zu bewahren. Es ist unsere Pflicht, niemals den opportunistischen Erwägungen des sozialistischen Zeitgeistes nachzugeben, dessen schlimmes Produkt nur ein Volksfront-Europa sein könnte.

Und wenn ich fortfahre: Man darf nicht auf Mecklenburg und auch nicht auf Schlesien verzichten, nicht auf Pommern und nicht auf Ostpreußen, dann verstehen das viele. Andere jedoch nicht. Lassen Sie mich verdeutlichen, was ich meine: Dieses Nichtverzichtenwollen ist nicht die Maxime eines der Restauration verhafteten Reaktionärs. Ich bin kein Revanchist. Ich bin auch kein Nationalist. Ich bin ein Deutscher, der einfach für alle Deutschen, auch in Weimar, Königsberg und Danzig, Freiheit, Freizügigkeit durch Frieden will. Ganz simpel nicht nur für uns hier im freien Westen, sondern für alle Deutschen.

Das ist das Anliegen. Es geht nicht in erster Linie um Grenzen und Gebietshoheiten. Es stört ja auch die bayerisch-hessische oder die bayerisch-österreichische Grenze nicht, noch nicht einmal die französisch-deutsche – solange sie nur Demarkationslinie von Verwaltungsregionen auf gleicher moralischer Lebensbasis ist und keine Barriere, kein Schlagbaum der Gewalt, der Unfreiheit, der Unmenschlichkeit.

Es war einer meiner schwärzesten Tage, als die Ostverträge unterzeichnet wurden. Im Rausch des Sieges haben die Alliierten 1945 nicht die Grenzen festgelegt, sondern Demarkationslinien. Das bedeutete, daß in Verhandlungen um einen Friedensvertrag Terrain und Zugeständnisse hätten gewonnen werden können. Aber an irgendeinem schönen Mittwochmorgen ist alles weggegeben worden. Ohne jede Gegenleistung. Der Friede wurde auch nicht sicherer gemacht. Man braucht keinen Hausmakler zu fragen, was die Quadratkilometer in Geld bedeuten. Was uns alle viel mehr bedrücken müßte, ist, daß wir die Menschen, unsere Mitmenschen, aus der Betreuung entließen und sie der Unfreiheit und der Hoffnungslosigkeit preisgaben.

Man braucht mich wirklich nicht darauf aufmerksam zu machen, daß letzten Endes alles durch Hitlers Gewaltakte und seinen wahnwitzigen Eroberungskrieg entstanden ist. Aber man kann nicht Hitlers Gewaltpolitik verdammen und die Gewaltpolitik der Sowjets heute segnen. Man kann nicht die braune Unfreiheit hassen und bekämpfen, die rote aber herbeireden und lieben oder verharmlosen. Unrechtsystem bleibt Unrechtsystem, gleichgültig unter welchen Farben.

Das ist die eine Seite der Medaille. Die andere ist: daß es in der Epoche großräumiger Integrationen nicht mehr um die Restaurierung der politischen Landschaft des 19. Jahrhunderts geht. Geschichtliche Räume können heute nicht mehr primär durch traditionelle Machtansprüche bewahrt oder wiederhergestellt werden. In der Epoche der großen ideologisch begründeten Umorientierung und der Endphase des sowjetischen Eroberungskrieges können diese Räume nur durch das Auffüllen mit den Prinzipien der Freiheit lebensfähig und verteidigungsbereit gemacht werden.

Der auf Unfreiheit begründete Proletarische Internationalismus fordert als Gegengewicht den auf Freiheit basierenden Großraum, fordert die westliche Integration auf der Grundlage von Freiheit, Freizügigkeit, organischer Ordnung, Sicherheit und Menschenwürde. Nicht verbrieftes Besitzrecht aus zurückliegenden Zeiträumen garantiert und legitimiert den Zusammenhalt. Das Ideal und die Wirklichkeit der Freiheit ist es, die mit ihrer schöpferischen Kraft in Zukunft Räume zusammenbringen und zusammenhalten kann und muß.

Einst besuchte mich Henry Kissinger in meinem Berliner Haus in Dahlem. Beim Betreten meines Arbeitszimmers überfiel er mich mit der rhetorischen Frage: »Sie sind Nationalist, Herr Springer?« Ich antwortete: »Nein, ich bin für die Freiheit.« Und ich fügte hinzu: »Wenn Sie Ihren Verpflichtungen aus dem Deutschland-Vertrag mit seiner Wiedervereinigungsklausel nur in der Form nachkommen wollen oder können, daß Sie einen zweiten deutschen Staat schaffen, in dem jeder Bürger alle jene Freiheiten genießen kann wie bei uns; wenn er lesen kann, was er will; wenn er seine Meinung sagen kann; seinen Arbeitsplatz wählen und seine Partei frei wählen und über die Grenze gehen kann, wann er will; und wenn er sicher sein kann, daß es nicht der Staatssicherheitsdienst ist, der morgens um sechs an die Tür klopft; wohlan, einen solchen zweiten Staat würde ich akzeptieren. Möglicherweise würde ich meinen Wohnsitz dorthin verlegen.«

Freiheit! Das schönste Wort der Welt – aber auch das am meisten mißbrauchte. Jeder Unterdrücker der Geschichte führte es auf den Lippen. Anarchisten bomben im Namen der Freiheit. Die roten Fahnen der menschenverachtenden Kommunisten flattern um das Transparent Freiheit: Freiheit für Terroristen,

Freiheit für Radikale, Freiheit für Umsturz, Freiheit für hemmungslosen Sex, Freiheit für Abtreibung, Freiheit für jede Unappetitlichkeit.

Das Unglück der modernen Zeit begann, als die Französische Revolution dem Ideal der Freiheit das der Gleichheit, im Sinne von totaler Egalité, zur Seite stellte und die Sozialisten aller Schattierungen diesen Generalirrtum übernommen haben. Nicht mehr jedem das Seine, sondern jedem das gleiche.

Aber Freiheit und Gleichheit können nicht gleichwertig zusammenstehen. Natürlich muß es Gleichheit vor dem Gesetz geben. Aber die Theorie von der Gleichheit aller Menschen ist das Todesurteil für echte Freiheit.

Will jemand ernsthaft behaupten, in den von Einheitsparteien regierten Kollektivstaaten sozialistischer Prägung herrsche Freiheit? Wo Gleichheit als Gesinnungsgleichheit verstanden wird, wo für Andersdenkende kein Platz ist, da ist es mit der Freiheit zu Ende. Und nicht nur mit der Freiheit. Der Sozialist Josef Dietzgen, den Karl Marx den Philosophen der Sozialdemokratie nannte, drückt es ideologisch aus:

> »Alles Außerordentliche muß zum Ordinären, Natürlichen degradiert werden. Die Heiligtümer müssen fallen. Damit man auf niemand stolz herabsehen kann, müssen wir aufhören, zu jemanden hinaufzusehen.«

Der auf Freiheit und Recht ruhende Staat muß im Interesse des Glücks der Menschen verhindern, daß die natürliche Ungleichheit zerstört wird. Denn die Menschen sind nun einmal nicht gleich.

Leibniz ließ einst die Hofgesellschaft im Schloßpark von Charlottenburg Blätter sammeln und forderte, man möge ihm zwei zeigen, die gleich seien. Niemand konnte das.

Wer aber hätte das Problem besser in Sprache gefaßt als Martin Luther, wenn er sagte:

> »Man muß Christi Reich von der Welt Reich unterscheiden können. Es ist für die Christen ein tröstliches Evangelium, daß wir in Christus so ganz gleich sind. Vor der Welt muß die Ungleichheit bleiben, daß der Vater mehr sei als der Sohn, der Lehrer mehr als der Schüler. Wer da eine Gleichheit machen wollte, der würde ein schönes Regiment anrichten.«

Wer wissen will, wohin dieses Regiment führt, der braucht nicht weit zu schauen. Ein Blick über den deutschen Zaun und die Mauer genügt. Jeder kann hinüberblicken; keiner hat die Entschuldigung, er habe nichts gewußt. Jeder kann täglich erfahren: Die sogenannte DDR ist ein Unrechtsstaat par excellence. Diese Tatsache muß am Beginn jeder Betrachtung über die Teilung Deutschlands stehen. Und das Unrecht beginnt bei dem entscheidenden Punkt: bei der Freiheit.

Wenn es sonst nichts, gar nichts weiter an dieser sogenannten Deutschen Demokratischen Republik auszusetzen gäbe, der schamlose Umgang mit der Freiheit von politisch mißliebigen Bürgern und Bürgerinnen, der Burgverlies-Terror der Strafjustiz dieses Regimes allein müßte genügen, die ganze Welt zu einem Aufschrei zu bringen. Aber sie schreit nicht auf. Sie schweigt.

Man marschiert für die Freiheit der Chilenen, der Schwarzen in Rhodesien oder Südafrika. Man demonstriert dafür, daß Kommunisten in der Bundesrepublik Deutschland Richter, Lehrer, Verwaltungsbeamte und Staatsanwälte werden dürfen. Aber für unsere Nächsten im politischen Sinn des biblischen Begriffs, die drüben aus politischen Gründen oder einfach als getarnte Geiseln für bei uns gefaßte kommunistische Spitzenagenten hinter Schloß und Riegel sitzen, marschiert man nicht. Und wie berechtigt wäre es, auf die Straße zu gehen! Ich bin im Besitz von Tatsachen, die, dessen versichere ich Sie, von mir und meinen Mitarbeitern sorgfältig recherchiert und kontrolliert worden sind.

Im vergangenen Jahr waren in der sogenannten DDR 7590 Männer und Frauen aus politischen Gründen inhaftiert. Ich nenne absichtlich nur Zahlen aus dem Jahr 1975, weil spätere nicht authentisch sind. Diese politischen Häftlinge sind zu grausam langen Haftstrafen verurteilt, die sie unter unvorstellbaren, unmenschlichen Bedingungen verbüßen.

Während bei uns die intellektuelle Linke auf die Barrikaden geht, weil die inhaftierten Angehörigen der Baader-Meinhof-Bande bei Tischtennis, Fernseh-Abenden, Fitness-Training, in büchergefüllten Zellen angeblich Isolationsfolter erleiden, vegetieren im Zuchthaus Hoheneck 1500 Frauen, darunter etwa 200 »Politische«, unter schlimmsten Bedingungen.

In Bautzen I saßen im Jahr 1975 450, in Bautzen II 100 und in Rummelsburg 1500 politische Häftlinge. In Brandenburg sind 300 politische Gefangene mit 4000 sogenannten Langsträflern und Lebenslänglichen zusammengefaßt; in Bützow und Dreibergen verbüßen 300, in Cottbus 500, in Waldheim 250, in Warnemünde 300 politische Häftlinge zum großen Teil barbarische Strafen. In 53 Haftanstalten der »DDR« saßen im Jahr 1975 37 000 Häftlinge. Davon waren – ich wiederhole – 7590 »Politische«!

Dazu kommen die Internierten in den »Strafvollzugskommandos«, von denen wir 30 lokalisieren konnten, sowie »Arbeitserziehungskommandos«, von denen uns elf für Männer und drei für Frauen bekannt sind. Bei den Insassen der »Arbeitserziehungskommandos« handelt es sich in der Mehrzahl um sogenannte Asoziale; aber wie in den »Strafvollzugskommandos« befinden sich auch hier viele Politische, die in bekannter Manier als »Asoziale« eingestuft werden, so, wie die Sowjets Bürgerrechtskämpfer zu Verrückten erklären und in Irrenanstalten einweisen.

Und was heißt »politischer Häftling« gemeinhin? 80 Prozent von ihnen sind wegen Fluchtdelikten verurteilt. Dabei lautet der Straftatbestand groteskerweise »Terrorismus«. Und wegen Terrorismus wird verurteilt, wer seine Flucht in Zusammenarbeit mit Fluchthelfern vorbereitet. Was für ein sprachlicher Mißbrauch jener Geißel unserer modernen Zeit, jenes Tatbestandes, der durch Flugzeugentführung, Bombenwerfen, Meuchelmord und Dynamitanschläge charakterisiert ist!

Ein anderer Tatbestand zur Verurteilung von Flüchtlingen wird Menschenhandel betitelt. Und Menschenhandel ist erfüllt, wenn der Flüchtling Familienangehörige in seine Fluchtpläne einbezog. Zynischer kann man nicht mit der Sprache und den zivilisatorischen Begriffen umgehen. Es bedarf also keines Beweises mehr, daß in der Zone Tatbestände, die zu den international garantierten Menschenrechten gehören, deren Grundsätze jüngst erst in Helsinki in Korb 3 wieder feierlich proklamiert worden sind, daß diese Grundsätze von der Justiz der Zone als Verbrechen deklariert und ihre Inanspruchnahme, ja selbst der Versuch dazu mit Zuchthaus oder Gefängnis geahndet wird. Und zwar mit Strafmaßen, wie sie in zivilisierten, rechtsstaatlichen Ländern nur gegen rückfällige Räuber und Mörder verhängt werden.

Aber nicht nur das. Von zusätzlicher Inhumanität ist der Strafvollzug. »Niemand kennt die Regierung eines Landes, der nicht in ihren Zuchthäusern gelebt hat.« Das ist ein Wort von Tolstoi. Und was wir von den Zuchthäusern der sogenannten DDR von ehemaligen Insassen wissen, kennzeichnet nach diesem Wort das kommunistische Regime in der Zone als inhuman, unzivilisiert und verbrecherisch.

Im Zuchthaus Brandenburg sind Zellen von 22 Quadratmeter Größe, also rund 3 ¼ mal 7 Meter, mit 22 Gefangenen vollgepfercht. Es gibt eine Toilette, zwei Waschbecken mit nur kaltem Wasser. Die Schlafgestelle sind dreistöckig. Das oberste Lager knapp 40 Zentimeter unter der Decke. 40 Zentimeter – so war es auch in Buchenwald! Und für die, für die auf den Schlafgestellen kein Platz ist, hat die penible Gefängnisverwaltung für die Akten die Bezeichnung BS eingeführt: BS gleich Boden-Schläfer! Häftlinge, die auf einer Decke auf dem nackten Fußboden schlafen müssen.

Im Frauengefängnis Hoheneck leiden die dort untergebrachten Frauen und Mädchen unter Bedingungen, die für uns unvorstellbar sind. In sogenannten Großraumzellen, die für 15 Insassen bestimmt sind, vegetieren bis zu 55 Häftlinge. Darunter zahlreiche BS. Heißes Wasser gibt es nur auf ärztliche Anweisung. Die hygienischen Verhältnisse sind katastrophal. Die Krätze grassiert. Augenleiden sind an der Tagesordnung. Die Haare müssen sich die Frauen und Mädchen mit Malzkaffee waschen, den man illegal ansammelt. 20jährige Mädchen haben in jahrelanger Haft die Zähne verloren, denn die Ernährung ist Vernichtungskost: kein Obst, kein Eiweiß! Doch was sagen diese äußerlichen Lebensbedingungen gegenüber den seelischen Leiden, der Wirkung des Kontakt- und Schreibverbots. Die Verlassenheit, das Hingeworfensein ohne Würde, die Degradierung zum rechtlosen, würdelosen Sklaven in schlimmerer Form als nach altrömischem Recht, wo der Sklave zwar Unperson, Sache war, aber wenigstens eine Sache, die man wegen der Rentabilität und des Vermögenswertes pfleglich behandelte.

Im deutschen Cottbus hingegen gibt es für Politische im Keller der Strafanstalt die sogenannten Tigerkäfige, unheizbare Isolierzellen von 2 mal 3 Metern, die noch einmal durch ein Eisengitter unterteilt sind. In solcher Zelle hat der Schriftsteller

Sigmar Faust 23 Monate gesessen. Verurteilt zu viereinhalb Jahren Zuchthaus, weil er zwecks Ausreise für sich und seine Familie formgerecht die Aberkennung der »DDR«-Staatsbürgerschaft beantragt hatte.

Ich könnte Ihnen die Liste des deutschen Archipels Gulag im kommunistisch beherrschten Teil unseres Landes beliebig verlängern. Als ich die Berichte des Grauens studierte, war ich fassungslos. Vor allem darüber, daß dies geschehen darf, ohne daß ein Aufschrei durch den freien Teil unseres Vaterlandes geht, ohne daß die Fäuste gegen die dafür Verantwortlichen erhoben werden. Welche Menschenverachtung! Welche Trägheit des Herzens! Versagen wir ein zweites Mal, wie wir es nach 1933 taten?

Und dieses Regime sollen wir auch noch subsidieren. Es lebt zu einem großen Teil aus unseren Handelsvergünstigungen, unseren Wirtschaftslieferungen, nicht zuletzt aber aus unseren direkten finanziellen Kontributionen. Von 1970 bis 1975 erhielt die Zone von uns 7,2 Milliarden D-Mark in Gestalt von Gebühren für Visa und Straßenbenutzung, Wertausgleich für Bahn- und Post-Benutzung, Zwangsumtauschbeträgen, errechneten Vorteilen für EG-Rechte und vor allem von nicht berechneten Zinsen für die riesigen Überziehungskredite, dem sogenannten Swing, der zur Zeit mit rund 850 Millionen D-Mark von der »DDR« in Anspruch genommen wird. Allein die nicht berechneten Zinsen für diese Kredite belaufen sich in dem genannten Zeitraum (1970 bis 1975) auf 188,1 Millionen Mark!

Die Beträge für freigekaufte Häftlinge, die Kopfgeldprämie an die Terrorjustiz, sind dabei nicht berücksichtigt, da es offizielle Zahlen darüber nicht gibt. Eine inoffizielle, aber ziemlich sichere Zahl ist die: Von 1965 bis 1976 wurden 9000 politische Häftlinge für ein Lösegeld von 448 Millionen D-Mark freigekauft. Das ist das größte Menschenhandelsgeschäft, das es je in der Geschichte der Welt gegeben hat. Auch in der Preispolitik hinsichtlich der Lösegeldzahlung richtet sich die Zone nach der allgemeinen weltwirtschaftlichen Entwicklung zur Inflation. Kostete vor zehn Jahren ein Häftling 40 000 D-Mark, so ist der Preis jetzt auf 70 000 D-Mark erhöht worden.

Um kein Mißverständnis aufkommen zu lassen: Ich beklage den Posten Lösegeld nicht. Ich gehörte zu den Wegbereitern des Freikaufs unschuldiger Geiseln aus Zonengewahrsam, weil Menschen wertvoller, teurer sind als Geld.

Warum lege ich Ihnen in dieser Feierstunde solche düsteren Fakten dar? Warum bedrücke ich Ihre Herzen und Gefühle mit dieser politischen Tristesse der deutschen Gegenwart? Ich tue es mit Bedacht.

Wir gehen – wie die moderne Soziologie richtig interpretiert – bei unseren Klagen über den Verfall der moralischen Werte üblicherweise davon aus, daß wir a) an die breite Masse appellieren müßten und daß b) sich tatsächlich jeder einzelne Bürger bei etwas gutem Willen besser, wirksamer, eben moralischer verhalten könnte. So einfach aber ist die Sache nicht: Denn moralisches Verhalten ist keine Individualleistung, sondern muß durch die führenden Menschen eines Volkes gefordert werden.

Das heißt: die moralische Aufrüstung der einzelnen, ihr Bekenntnis zu den tragenden Werten des Volkes und des Staates, ihre Verteidigungsbereitschaft gegen den Angriff der politischen Unmoral, des politisch Satanischen, muß motiviert, inspiriert, ja: vorgelebt werden von den führenden Bürgern in Politik und Wirtschaft, von den »Sozialgestaltern«, wie die Soziologen sagen. So ist es immer gewesen – wenn es die Legenden der Geschichtsbücher auch oft anders darstellen.

Die preußischen Freiheitskriege waren nicht ein vom Himmel oder aus dem Strom der Zeit gekommener Aufbruch des Volkes, die wie ein Sturmwetter gewachsene Levée en masse. Die Bereitschaft zu Opfer und Kampf, zu Dienst und Widerstand war von ein paar Reformern und Gläubigen aus den führenden Schichten in Gang gesetzt worden. So war es immer! Und wenn das nicht geschieht, dann geschieht eben nichts! Auch bei uns. Dann bleibt es dabei, daß die Nation sich nur noch auf dem Fußballplatz artikuliert.

Wir, die wir hier versammelt sind, die »Sozialgestalter«, um noch einmal soziologisch abstrakt zu reden, müssen die Fackel von Freiheit und Recht, Dienstbereitschaft und Pflichtbewußtsein, Wahrhaftigkeit, Humanität und Vaterlandsliebe ergreifen. Und müssen sie vorantragen. Wir müssen begreiflich machen, um was es geht.

Voltaire hatte noch die Meinung, es brauche nur zwei bis drei mutige Menschen, um den Geist einer Nation zu ändern. Voltaire kannte aber das Fernsehen nicht und nicht die internationale Zusammenarbeit der Kommunisten, sonst hätte er die Zahl der Mahner höher angesetzt, die notwendig sind, den Geist der Nation zu ändern. Daß es jedoch dabei immer um eine Minderheit geht, die den großen Kurs entscheidet, ist unstrittig. Das weiß auch der Gegner auf der anderen Seite. Einer der intelligentesten Führer des roten Lagers hat es als strategische Grundregel formuliert. Hören Sie sich bitte folgendes Zitat Lenins mit Aufmerksamkeit an, auch dann, wenn Sie es schon einmal gelesen haben sollten. Lenin sagte 1921:

> »Als Ergebnis meiner Beobachtungen während der Jahre meines Exils muß ich feststellen, daß die sogenannten kulturellen Führungsschichten Westeuropas und Amerikas einfach unfähig sind, die gegenwärtige politische Lage und die tatsächlichen Machtverhältnisse richtig zu beurteilen. Diese Führungsschicht ist stumm und taub, und unser Verhalten ihr gegenüber sollte auf dieser Voraussetzung beruhen.
> Wir müssen unseren Wunsch zum Ausdruck bringen, so bald

wie möglich Beziehungen zu den kapitalistischen Ländern aufzunehmen, und zwar auf der Grundlage der absoluten Nichteinmischung in ihre inneren Angelegenheiten. Die Taubstummen werden uns das glauben. Sie werden entzückt darüber sein und werden uns die Türen öffnen; durch diese Türen werden wir so schnell wie möglich die Abgesandten der Partei schleusen, und zwar unter dem Deckmantel diplomatischer, kultureller und wirtschaftlicher Vertreter.
Die Wahrheit sagen, ist ein bourgeoises Vorurteil. Eine Lüge wird durch das zu verfolgende Ziel gerechtfertigt.
Die Kapitalisten und ihre Regierungen werden gegenüber unseren Aktivitäten die Augen verschließen. Auf diese Weise werden sie nicht nur taubstumm, sondern auch noch blind werden. Sie werden uns Kredite zur Verfügung stellen, die uns dazu dienen werden, die kommunistischen Parteien in ihren Ländern zu unterstützen.
Sie werden uns das Material und das technische Wissen liefern, das uns fehlt. Sie werden unsere Rüstungsindustrie wiederaufbauen, die wir benötigen für unsere zukünftigen, siegreichen Angriffe auf unsere Versorger.
Sie werden ihren eigenen Untergang vorbereiten.«

Sie werden mir zustimmen, daß Lenins Nachfolger – auch die in Ost-Berlin – das Rezept von 1921 treulich befolgen. Und sie sind bis auf den heutigen Tag damit – das heißt mit uns – nicht schlecht gefahren.

Es gibt viele Leute, auch Politiker in bedeutenden Stellungen, die diese Erkenntnis gern verschwinden lassen möchte. Sie haben sich dafür einen Zaubertrick, ein Simsalabim ausgedacht, ein Wort, das als Zauberformel den Kommunismus von seinen Hypotheken befreien soll: Eurokommunismus. Ein klein bißchen links oder rechts von Dubček! Humanes Gesicht! Kommunismus mit Schlips und Kragen, mit NATO und Bankgeheimnis: Eurokommunismus! Er soll Lenin vergessen machen; auch die Zone und ihre Zuchthäuser. Dabei ist der Trick so durchsichtig: Es geht eben nicht um Modalitäten, es geht um den Kern. Und der Kern heißt: Freiheit oder Gewaltherrschaft. Wir müssen bereit sein, der freiheitsfeindlichen Front in der Welt den Widerstand des freiheitlichen Weltlagers entgegenzustellen. Und das muß mit der geistigen Wiedererneuerung beginnen.

Aus einer solchen Haltung, die aus tiefen, festen Wurzeln gespeist wird, daraus kann sehr wohl moderner, fortschrittlicher Patriotismus wachsen. Ja, ich möchte sagen, nur daraus kann er wachsen.

Es muß für jeden, der so denkt, eine Bestätigung sein, wenn ein Staat unserer Zeit diese Grundsätze übernimmt. Ich meine die Tatsche, daß Österreich in sein Parlamentsprotokoll vom 28. Oktober 1955 über die Geburtsstunde des wiedervereinigten neuen Staates nach dem Abzug aller Besatzungstruppen die fünf Grundsätze des Paters Patriae der Schweiz, Niklaus von Flüe, übernahm, ja, sie als Kernstück postuliert. Aus den fünf Grundsätzen des 1947 heiliggesprochenen Bruders Klaus möchte ich zitieren: »Was die Seele für den Leib, das ist Gott für den Staat. Wenn die Seele aus dem Körper weicht, dann zerfällt er. Wenn Gott aus dem Staat getrieben wird, ist er dem Untergang geweiht.« Mich bestärkt das in der Überzeugung, daß es kein Vaterland ohne Gott gibt. Das gilt auch für Deutschland – und für seine gesamte Politik.

Viele solcher individuellen Vaterländer können sich dann zusammenfinden zu den Großräumen der Freiheit, von denen ich vorhin sprach. So habe ich auch den oft mißverstandenen Ausspruch Charles de Gaulles vom Europa der Vaterländer immer so verstanden, daß ein Wald nicht einfach Wald sein kann, sondern aus Buchen, Fichten, Eichen, Tannen und den verschiedensten Büschen besteht. Man muß selbst etwas sein, um in der höheren Gemeinschaft, der größeren Föderation, etwas sein zu können.

»Wer am Vaterland vorbei in ein Weltbürgertum flüchten möchte, ist ein Drückeberger, der die ihm unbequeme Nächstenliebe mit einer bequemeren Fernstenliebe vertauschen möchte«, sagte Pastor Evertz von der »Evangelischen Notgemeinschaft«. Nächstenliebe, nicht Fernstenliebe – aus persönlicher und aus deutscher Verantwortung heraus –, das ist auch die Triebfeder der besonderen Beziehung zu einem Volk, das einst schönste und schrecklichste Verbindung zu uns hatte. Ich spreche von Israel.

Und wenn ein Mann, der heute Minister in Bonn ist, mir einmal sagte: Wer sich 1945 nicht besiegt, sondern befreit gefühlt habe, dem solle man auch kein besonderes Verhältnis zu den Juden und zu Israel abverlangen, so macht er zwei fundamentale Denkfehler. Erstens kann man sich der Gesamthaftung nicht entziehen, die die Geschichte einem Volk auferlegt hat, zu dem man gehört und für das man mitverantwortlich ist; und zweitens ist gerade Israel, an dessen Entstehen wir Deutschen auf so makabre Weise mitgewirkt haben, für uns in vielen Punkten ein Exempel:

Der Staat ging verloren, das Vaterland war nur noch ein Traum, die Hauptstadt in fremden Händen. Fast 2000 Jahre lang haben die Juden in der Diaspora nicht vergessen, immer wieder den Vorsatz auszusprechen: »Nächstes Jahr in Jerusalem.« Glaube und Wille, die Geduld und schließlich der zu allem entschlossene Mut führten zum Erfolg. Daß das eine schwierige, keineswegs immer von allen Juden getragene Entwicklung war, sondern daß dabei die Motivation und Inspiration durch »Sozialgestalter« – die Propheten und die Träumer – die entscheidende Rolle spielten, weiß jeder, der sich mit der Geschichte der Juden befaßt hat. Und deshalb subsumiere ich unter Wiedergutmachung auch die Forderung: die Aussöhnung mit den Juden und die Hilfe für Israel als Teil der richtig verstandenen eigenen Politik zu begreifen; der Politik, die zur deutschen Wiedergenesung und zur deutschen Wiedergeburt in voller Freiheit führen muß.

Lassen Sie mich zum Schluß kommen: Als August Graf Gneisenau, der preußische Reformer und Vertreter eines Soldatentums mit vaterländischer und freiheitlicher Gesinnung, dem kleinmütigen Preußenkönig Friedrich Wilhelm III. im August 1811 den Aufstandsplan gegen Napoleon vorlegte, schrieb der König das ablehnende Hohnwort an den Rand: »Als Poesie gut.«

Gneisenau antwortete in berühmt gewordener zorniger Replik: »Religion, Gebet, Liebe zum Regenten, zum Vaterland, zur Tugend sind nichts anderes als Poesie – keine Herzenserhebung ohne poetische Stimmung. Wer nur nach kalter Berechnung handelt, wird ein starrer Egoist. Majestät – auf Poesie ist die Sicherheit der Throne gegründet!«

Und die Sicherheit des Vaterlandes, möchte ich hinzufügen.

In diesem Sinne bin auch ich Poet und Träumer. Und ich fühle mich wie der zu Anfang zitierte vaterländische Vollblutromantiker Ernst Moritz Arndt, der von sich sagte: »Es gibt wohl manche Menschen, die nur so Instrumente sind eines unbekannten Gottes. Möge ich nur immer die Kraft behalten, daß nichts Böses auf mir spielt.«

Charlottenburger Kniefall

In der Bezirksverordneten-Versammlung von Berlin-Charlottenburg lehnten es im Juni 1979 die Fraktionen von SPD und FDP ab, Hinweisschilder mit den Namen alter ostdeutscher Städte aufzustellen. In der »Berliner Morgenpost« vom 1. Juli 1979 veröffentlichte Axel Springer zu diesem Vorgang nachstehenden Kurzkommentar.

Ein Vorgang, der keine Schlagzeilen macht, weil er anscheinend nur regional und lokal ist und deshalb nie das Licht der ersten Zeitungsseiten erblickt, ist in Berlin berichtet worden: Hinweisschilder mit den Namen alter deutscher Städte des Ostens sollen in Charlottenburg nicht aufgestellt werden. Sie waren schon fertig, und sie lagern in einer Berliner Werkstatt. Breslau, Danzig und Königsberg steht auf ihnen. Weg damit! Nur keine sichtbare Erinnerung.

Was in der Bezirksverordneten-Versammlung als eine Drucksache unter anderen mit dem Stichwort »Geplante Aufstellung von Hinweisschildern« von den Fraktionen der SPD und der FDP vom Tisch gewischt wurde, ist ein Stück Vaterland, ist der Wille, sich an Gebiete und Städte zu erinnern, deren Menschen – deutsche Landsleute, Bürger der unteilbaren deutschen Nation – heute unter uns leben, weil sie vertrieben worden sind. So wie jetzt war es schon damals, als man von den Messehallen am Funkturm die Namen Schlesien und Ostpreußen entfernte, als gelte es, einen Makel zu tilgen.

In Charlottenburg schlug die überstimmte CDU nun vor, die Städtenamen Prag, Budapest, Warschau und Auschwitz ergänzend anzubringen. Prag als Menetekel für die Besetzung und Drangsalierung der Tschechoslowakei. Warschau als Hinweis auf ein Volk, das in der Folge des Nazikrieges unter kommunistischem Würgegriff um den Atem der Freiheit ringt. Und Budapest in Gedanken an das Ungarn von 1956. Aber allein der Vorschlag »Auschwitz« wird unumstritten sein. Denn wer Königsberg, Breslau und Danzig verleugnet, tut das, um den östlichen Gewalthabern willfährig zu sein, und hat ganz gewiß nicht die Absicht, gegenwärtiges Unrecht der Freiheitsberaubung an unseren Nachbarvölkern in Erinnerung zu rufen.

Es soll wohl der Entspannung dienen, wenn Deutschland verleugnet wird. Es soll wohl dieses Zeichen der Preisgabe dessen, was uns nicht einmal die vier Mächte einst im Rausche ihres Sieges endgültig zu entreißen wagten, ein wenig Milde der Sowjets einbringen.

Die Haltungsschwäche der Fraktionen von SPD und FDP wird nie in einem Geschichtsbuch als »Charlottenburger Kniefall« verzeichnet werden. So etwas verläuft am Rande. Es wird bald vergessen sein, wie so vieles schon vergessen ist, was die Erinnerung peinigen müßte. Man wird zur Tagesordnung übergehen, ganz regional, und wird sich nicht bewußt machen, daß Charlottenburg in Berlin und Berlin in Deutschland liegt und Königsberg nicht aufhört, eine seiner Städte zu sein, nur weil eine Tyrannei es sich einverleibt hat.

Sprechen wir eigentlich noch die gleiche Sprache?

54 der wichtigsten Wirtschaftsführer, Wissenschaftler und Technologen der amerikanischen Ölgesellschaft Exxon machten im Juni 1979 einen Besuch in Berlin. Axel Springer gab ihnen einen Empfang, bei dem er unter anderem sagte: »Es gibt keinen Ort in der Welt, wo die Lüge der Entspannung sich so deutlich zeigt wie hier in Berlin.« Vor dem Berliner Abgeordnetenhaus wurde er deshalb am 28. Juni von dem früheren SPD-Landesvorsitzenden Gerd Löffler kritisiert. In einem Brief an Löffler setzte sich der Verleger gegen den Vorwurf zur Wehr, er betreibe Demagogie.

Berlin, 5. Juli 1979

Sehr geehrter Herr Löffler,

in der Nachkriegsgeschichte unserer Stadt gehört der 28. Juni 1979 zu den bösen Daten. Denn an diesem Tag wurde im Osten der Versuch gemacht, eine weitere Salamischeibe von der Viermächte-Verantwortung für Groß-Berlin abzuschneiden: Die Abgeordneten zur Volkskammer sollen von nun an in Ost-Berlin direkt gewählt werden. Außerdem wurde ohne Rücksicht auf die auch von der »DDR« unterzeichneten Helsinki-Dokumente den Bürgern dort ein weiteres Stück ihrer schon so beschnittenen Freiheit genommen.

An demselben 28. Juni setzten Sie sich im Berliner Abgeordnetenhaus während der Debatte über die praktischen Erfahrungen mit dem Viermächte-Abkommen mit einer Passage aus einer Ansprache auseinander, die ich wenige Tage vorher vor amerikanischen Industriellen gehalten hatte.

Sie zitierten mich: »Es gibt keinen Ort in der Welt, wo die Lüge der Entspannung sich so deutlich zeigt wie hier in Berlin, von hier oben aus gesehen.« Sie sagten, die Mauer sei durch die Bemühungen der Politik in einer Richtung millionenfach durchlässig geworden, und fügten hinzu: »Diesen Ort Berlin, der stabiler geworden ist, dessen Zugänge und Bindungen sicherer geworden sind, als die Lüge der Entspannung zu bezeichnen ist abwegige und schädliche Demagogie, mit der in dieser Frage niemandem geholfen wird. Nicht der Regierung, nicht der Opposition, aber insbesondere nicht den Menschen, um die es jeweils bei jedem konkreten politischen Schritt geht.«

An dem Tag also, an dem prominente Mitglieder Ihrer Partei das Ostberliner Vorgehen als Schlag gegen die Entspannung bezeichnen und die Westmächte den Volkskammerbeschluß als den schwersten Verstoß gegen das Viermächte-Statut der Stadt seit dem Mauerbau 1961 empfanden, wobei die NATO eine besondere Alarmbereitschaft der Sowjettruppen feststellte, beschuldigen Sie mich der Demagogie, weil ich gesagt habe, die Entspannung sei eine Lüge. Demagogie bedeutet »Volksverführung«. Sehe ich, was mir in diesem Falle nicht schwerfällt, von der Kränkung ab, die dieses Wort bedeuten müßte, wenn ich es ernst nähme, dann bleibt nur die Frage an Sie: Meinen Sie wirklich, mein von Ihnen erwähnter Einfluß würde ausreichen, dem Volk eine Entspannung auszureden, wenn es eine solche gäbe?

Mein Wort von der »Lüge der Entspannung« leugnete, so sagten Sie, »jede Realität der Entspannungspolitik«. Ich wollte, Sie hätten recht! Aber die tägliche Praxis, die wir erleben, zeigt eine andere Realität. Bleiben wir aber bei den Realitäten:

Realität ist, daß etwa 6000 unserer Landsleute drüben in den

Zuchthäusern sind, weil sie das Wort von der Entspannung ernst genommen haben. Die Haftbedingungen sind grauenvoll im wahrsten Sinne des Wortes.

34 000 Todesautomaten sichern die Grenze jenes Gebildes, das weder deutsch noch demokratisch, noch eine Republik ist, wie Willy Brandt einst sagte.

Niko Hübner, unser junger Landsmann, sitzt seit einem Jahr hinter Schloß und Riegel, weil er sich auf das berief, was zu den von Ihnen erwähnten »Grundlagen« gehört: auf das Viermächte-Statut.

Denken Sie auch an Professor Havemann, dessen Schicksal von Entspannung nichts spüren läßt. Denken Sie an die verfolgten und gedemütigten Schriftsteller in der »DDR«. Denken Sie vor allem an die Toten, die vor den Stacheldrähten verbluteten. Denken Sie an die Eheleute Grübel, die hier im freien Berlin unter uns leben, denen vor vier Jahren ihre beiden Kinder buchstäblich geraubt wurden, die sie trotz »Entspannung« heute noch nicht bei sich haben.

Gewiß, man hat einige Reiseerleichtungen geschaffen – von West nach Ost, nicht von Ost nach West, obwohl die zuletzt genannte Richtung in unserem geteilten Volk die viel dringender, schmerzhafter ersehnte ist. Ich schätze das nicht gering. Aber die Gegenseite hat bereits mehrmals gedroht, auch diese Erleichterung wieder zu zerschlagen.

Man verkauft uns Häftlinge gegen Bargeld. Ich habe um der Menschen willen nichts dagegen. Aber die Methode spricht für sich.

Man drangsaliert Korrespondenten unserer Massenmedien.

Man hat – ich wiederhole – am selben Tage, an dem Sie mein Wort von der Entspannungslüge attackierten, die Gesetze zur Unterdrückung unserer Landsleute drastisch verschärft, so daß jeder mit Zuchthaus bedroht ist, der sich zur Freiheit bekennt, dem Westen etwas über die Trostlosigkeit im SED-Staat mitteilt oder das Regime drüben als unvorteilhaft beurteilt.

Bürger, die sich für die Menschenrechte einsetzen, sich auf Helsinki berufen, werden hinter Gitter gebracht.

Kann denn, Herr Löffler, Entspannung – wenn sie keine Lüge sein soll – überhaupt etwas anderes sein als die Verwirklichung von Menschenrechten? Anders gefragt: Ist der Prüfstein der Entspannung nicht die Gewährung der Menschenrechte?

Bedeutende, verehrungswürdige Sozialdemokraten, die mein politisches Überzeugungsbild maßgeblich mitgeprägt haben, waren und sind dieser Ansicht, daß Entspannung und Freiheit einander bedingen. Ich meine, diesen Sozialdemokraten treuer geblieben zu sein als mancher, der heute für die SPD spricht.

Natürlich muß ich mich nach Ihrer Redepassage im Abgeordnetenhaus fragen, ob wir eigentlich noch die gleiche Sprache sprechen. Aber vielleicht gibt es doch eine Verständigungsmöglichkeit über den umstrittenen Entspannungsbegriff, wenn ich mich der Definitionen bediene, die seinerzeit von Ihren Parteifreunden und Ihrem Koalitionspartner gebraucht wurden, um Entspannung zu beschreiben:

Es wurde »Brückenbau« in Aussicht gestellt, »gute Nachbarschaft«, »geregeltes Miteinander«, »Zusammenarbeit«, »Interessenausgleich«, »friedliche Verständigung«. Wie das alles heute aussieht, habe ich oben skizziert. Wenn Ihnen das nicht genügen sollte, lassen Sie mich Ihren Parteifreund Egon Bahr zitieren, der von einer »schrecklichen Durchlöcherung der Verträge« sprach. Oder den Regierenden Bürgermeister Stobbe, der – an jenem 28. Juni – den Keulenschlag des »Volkskammer«-Beschlusses eine »Provokation gegen die Entspannung in Europa« nannte.

»Dieser Ort Berlin«, so sagten Sie im Abgeordnetenhaus von Berlin, um mich zu widerlegen, »ist durch die Bindungen stabiler geworden.« Wie es um die Stabilität der Bindungen zum Bund aussieht, zeigt das Schicksal der Nationalstiftung, die nach dem Willen Ihres Parteivorsitzenden Brandt und aller Ministerpräsidenten und Kultusminister der deutschen Bundesländer nach Berlin kommen sollte. Sie kam nicht. Und warum nicht? Weil es um die Stabilität der Entspannung sehr schlecht steht, schlechter, als selbst ich es vor acht Jahren befürchtet hatte.

Die Substanz dessen, was Sie Entspannung nennen und was ich – der gewissenhaften Wortwahl wegen – Arrangements innerhalb des Spannungsfeldes zwischen Ost und West nenne, ist von der Gegenseite sowohl formal als auch faktisch konsequent immer wieder reduziert und zerstoßen worden. Für die vorläufige Erhaltung der Restbestände leisten wir Tribut in Form politischer Selbstentäußerung, finanzieller Aufwendungen und Handelskonditionen, wie sie unsere Verbündeten niemals von uns zu erhoffen hätten.

Die Verstöße des Ostens gegen die schmalen, brüchigen Regelungen, die erreicht wurden, füllen mittlerweise Hunderte von Aktenordnern. Die Leiden unserer Landsleute jenseits der Mauer haben zugenommen, die Diffamierungen der Bundesrepublik Deutschland steigerten sich, das Element der Nötigung in den sogenannten innerdeutschen Beziehungen wuchs weit ins Erpresserische hinein. Der Druck gegen das freie Berlin und seine politischen Lebensregungen wurde stärker.

Sie werden mir gewiß darin zustimmen, daß die Frage der Entspannung nicht allein – obwohl besonders – in Deutschland und in Berlin beantwortet und entschieden wird. Es erschiene mir weder erlaubt noch vorteilhaft, die Beurteilungen der Entspannungspolitik durch die russischen Bürgerrechtler zu ignorieren. Denn sie sind es, die unter höchstem Risiko und mit den am schwersten wiegenden Opfern die Probe aufs Exempel gemacht haben.

Andrej Amalrik sagte: »Die Entspannungspolitik dient dazu,

das Sowjetregime zu stabilisieren.« Von dem Dissidenten Pljuschtsch ist das Wort: »Wenn die Entspannung eine einseitige Übung des Westens bleibt, dann wird aus Helsinki ein zweites München werden.« Und Wladimir Bukowski urteilte so: »Der Westen hat mit der Entspannungspolitik die Idee Moskaus übernommen, und zwar auf unsere Kosten.« Sind diese Aussagen von Menschen, die wissen müssen, wovon sie reden, weil sie es nicht nur erfahren, sondern erlitten haben, etwa auch »Demagogie« und »schädlich«?

Das alles, sehr geehrter Herr Löffler, meinte ich, als ich von der Lüge der Entspannung sprach.

Lassen Sie mich eine Vermutung aussprechen: Sie wissen sicherlich selbst sehr gut, daß es um den Wahrheitsgehalt der Entspannung schlecht bestellt ist. Aber Sie meinen, etwas verteidigen zu müssen, in das Sie und Ihre politischen Freunde besten Willens sehr viel investiert haben, zuviel wahrscheinlich, um die Kraft zur Einsicht in die Fehlkalkulation aufbringen zu können. Sie investierten Verzicht auf einst feierlich bekundete politische Grundauffassungen. Sie investierten Gutgläubigkeit, auch Arbeit, Fleiß, Selbstüberwindung.

Ich habe ein gewisses Verständnis für diese Ihre Schwierigkeit. Aber ich finde, den Mut zur Wahrheit sollten Sie aufbringen, um unseres Volkes willen, das einen Anspruch darauf hat; um des Ansehens unserer Bundesrepublik Deutschland willen, deren Glaubwürdigkeit ein kostbares Gut ist; und auch um Ihrer altehrwürdigen Partei willen, deren bestes Merkmal lange Zeit Aufrichtigkeit gewesen ist.

Wenn Sie aber die Kraft zur schmerzlichen Wahrheit nicht – oder noch nicht – aufzubringen vermögen, dann lassen Sie wenigstens mich aussprechen, was ist. Gewissermaßen stellvertretend.

Wir wollen uns doch nichts vormachen, Herr Löffler, Ihre

und meine Beurteilung der Situation in unserem geteilten, schwergeprüften Land sind doch nicht so weit voneinander entfernt, wie Ihre Bemerkungen im Abgeordnetenhaus vermuten ließen.

Ich will kein Augenzwinkern zwischen Ihnen und mir anregen. Aber ich erlaube mir den Rat, mich künftig nicht mehr um der »Entspannung« willen einen Demagogen zu nennen. Denn diese »Entspannung« kann einfach deshalb nicht als zerstört bezeichnet werden, weil sie – im Sinne der Wahrheit – nie wirklich vorhanden gewesen ist.

Lassen Sie mich wiederholen: Nur allzu gerne würde ich zugeben, daß Sie recht haben. Aber die Realitäten sind leider, leider anders.

Ich schrieb Ihnen diesen Brief um der Wahrheit willen – als einer, der darüber zutiefst bestürzt ist, daß er mit seinen der Ost- und Entspannungspolitik gegenüber von Anfang an geäußerten Bedenken recht behalten hat. Und ich würde mich sehr freuen, wenn uns die Erkenntnis dieser Wahrheit im politischen Raum auch wieder etwas mehr Gemeinsamkeit finden ließe.

Mit freundlichen Grüßen bin ich
Ihr
Axel Springer

Wir müssen die Stimme gegen das Unrecht erheben

Rüdiger von Wechmar, unter Willy Brandt Sprecher der Bundesregierung, vertrat von 1974 bis 1982 die Bundesrepublik Deutschland als Botschafter bei den Vereinten Nationen. Als erster Deutscher war er 1980/81 Präsident der UN-Vollversammlung. Nach seiner Pressekonferenz vom 17. Dezember 1980 schrieb ihm Axel Springer folgenden Brief, der am 11. Januar 1981 in der »Welt am Sonntag« abgedruckt wurde:

Sehr geehrter Herr Präsident,
Lieber Herr von Wechmar,

in der »Fernsehpressekonferenz« vom 17. Dezember 1980 gaben Sie auf die Frage, ob es sich ausgezahlt habe, »die Weltorganisation nicht mit den deutschen Querelen zu behelligen, nicht mit Wiedervereinigung und Selbstbestimmungsrecht«, die Antwort: »Beide Seiten haben sich an diese quasi stillschweigende – Vereinbarung will ich es nicht nennen –, aber diese übereinstimmende Auffassung gehalten.«

Sie sagten dann, die Behandlung der deutschen Frage vor den Vereinten Nationen habe »natürlich nur dann einen Sinn – im Sinne der Bundesrepublik Deutschland –, wenn man sicher sein kann, daß man bei einem solchen Vorhaben auch die nötigen Mehrheiten hinter sich hat«.

Und Sie fügten hinzu, »daß im gegenwärtigen Augenblick sehr viele hier nicht daran interessiert sind, zu der langen Liste von existierenden Problemen noch ein weiteres hinzuzufügen«.

Diese Auffassung gibt mir – und gewiß auch vielen anderen Deutschen – zu denken. Das Ethos der Vereinten Nationen beruft sich auf die Menschenrechte. Sie werden vielfältig und kontrovers und gewiß nicht immer im Sinne unserer Überzeugungen, ja nicht einmal im Sinne der UN-Charta behandelt. Aber sie bleiben für die Bundesrepublik Deutschland und ihre Mitgliedschaft in den Vereinten Nationen doch bestimmend und bindend.

Das Unrecht der deutschen Teilung, die Verweigerung des Selbstbestimmungsrechtes für 17 Millionen unserer Landsleute, die Todesautomaten an den innerdeutschen Grenzen, das Sterben in den Minenfeldern und die Erschießung flüchtender Deutscher sind schwerste Verstöße gegen das Menschenrecht.

Ist die Erörterung dieser Tatbestände des Unrechts wirklich nur eine Frage der vermuteten Mehrheitsverhältnisse? Und dürfen die furchtbaren Konflikte, die daraus entstehen, »Querelen« genannt werden? Ist die von Ihnen erwähnte Unlust vieler, »der langen Liste von Problemen ein weiteres hinzuzufügen«, aus Ihrer Sicht ein ausreichender und legitimer Grund, unsere Delegation zu alledem schweigen zu lassen?

Als das Interview mit Ihnen gesendet wurde, sehr geehrter Herr Präsident, erreichte uns die Nachricht, daß eine 18jährige Deutsche an den Schußverletzungen gestorben ist, die sie beim Versuch der Flucht in Berlin erlitt. Und da nimmt die Delegation der Bundesrepublik Deutschland Rücksicht darauf, daß andere UN-Mitglieder sich von der Erörterung deutschen Leides und deutscher Not, der Gefangenschaft und des Sterbens behelligt fühlen könnten?

Eine »stillschweigende Vereinbarung« zwischen uns und der »DDR« gibt es also in diesem Zusammenhang. Solches Stillschweigen erscheint mir als schuldhaftes Fehlverhalten. Die Stimme für das – wirkliche oder vermeintliche – Unrecht zu erheben, das den Völkern anderer Nationen widerfährt, und gegenüber der Schwerverletzung der Rechte des eigenen Volkes stumm zu bleiben ist eine Praxis, mit der die Bundesrepublik in den Vereinten Nationen allein stehen dürfte. Keine andere Nation verhält sich so. Stillschweigen heißt doch hier totschweigen.

Ich bitte Sie, lieber Herr von Wechmar, bei der Bundesregierung darauf hinzuwirken, daß diese opportunistisch und masochistisch anmutende Verfahrensweise überdacht und revidiert wird. Das Vertrauen deutscher Bürger diesseits und jenseits der Teilungsgrenzen in die nationale und im wohlverstandenen Sinne patriotische Haltung unserer Repräsentation in den UN müßte sonst erschüttert und schließlich zerstört werden.

Als unerträglich empfinde ich es jedenfalls, die Darstellung und die Anklage der Gewalt, die unserem Volk angetan wird, den Zeitungen zu überlassen, soweit sich nicht auch diese schon für das »Stillschweigen« entschieden haben.

Mit bestem Gruß
Ihr
Axel Springer

Es gibt kein Vaterland ohne Gott

Am 27. Juni 1981 wurde dem Verleger Axel Springer der Konrad Adenauer Freiheitspreis verliehen. Im Herkulessaal der traditionsreichen Münchener Residenz hielt Bayerns Ministerpräsident Franz Josef Strauß vor 1500 Repräsentanten aus Politik, Wirtschaft, Kirche und Kultur, vor Ministern, Abgeordneten und Offizieren die Laudatio. Zuvor hatten der CDU-Vorsitzende Helmut Kohl, der Berliner Bürgermeister und Innensenator Heinrich Lummer, der Münchener Oberbürgermeister Erich Kiesl und der Vorstandsvorsitzende der 1967 ins Leben gerufenen Deutschland-Stiftung e. V., Gerhard Löwenthal, ehrende Grußworte an den Preisträger gerichtet. Mit der Verleihung des Freiheitspreises würdigte die Deutschland-Stiftung Axel Springers »Beitrag zum Aufbau eines freiheitlichen Pressewesens, sein unbeirrtes Eintreten für die Wiedervereinigung Deutschlands in Frieden und Freiheit, seine Absage an linken wie rechten Extremismus sowie sein Eintreten für die soziale Marktwirtschaft und die Aussöhnung zwischen Juden und Deutschen«. Axel Springer dankte mit einer Rede, die er unter das Motto stellte: Es gibt kein Vaterland ohne Gott.

An diesem Ort, in dieser Stadt und in diesem Land mit einem Preis geehrt zu werden, der den Namen Konrad Adenauer trägt, bewegt mich sehr. Ich bin zwar ein Preuße und ein Berliner dazu; aber ich habe auch nie verhehlt, wie mich der Geist, die Kunst, die Schönheit und die politische Vitalität des Bayernlandes anziehen, ja faszinieren.

Hier in Bayern lebt ganz besonders das Deutschland, dem unsere Liebe und Treue gelten darf und deshalb gilt. Und für mich ist es kein Zufall, daß die Deutschland-Stiftung hier beheimatet ist und daß gerade hier der Konrad Adenauer Freiheitspreis geschaffen wurde.

Daß in diesem Jahr ich mit diesem Preis ausgezeichnet wurde, dafür danke ich von ganzem Herzen. Ich fühle mich beschämt und gleichzeitig neu verpflichtet. Gern reihe ich mich in den Kreis derjenigen ein, die diesen Preis schon früher erhalten haben. Darunter sind viele Freunde, politische und persönliche, lebende und tote.

An die letzteren denke ich in dieser Minute mit besonderer Bewegung und möchte drei Namen nennen, die für die anderen stehen: Felix von Eckardt, des ersten und großen Bundeskanzlers treuer und kluger Begleiter; William Schlamm, der ein erfülltes, wortgewaltiges Leben lang die politische Sünde seiner Jugend wiedergutmachte; Hans Habe, dessen klarsichtige Kommentare wir Sonntag für Sonntag bitterlich vermissen.

Aber auch zwei lebende möchte ich nennen: Christa Mewes, die großartige Fürsprecherin unserer Jugend, und meinen Freund Matthias Walden.

Wir begehen jetzt eine Feierstunde der Freiheit. Ein Symbol dieser Freiheit ist in unseren Tagen Berlin, die Stadt, in die ich vor vielen Jahren die Zentrale meines Unternehmens verlegte, als Nikita Chruschtschow mit seiner Drohung eines Ultimatums gegen Berlin wieder einmal die freie Welt erschreckt hatte.

In Berlin scheiden sich die Geister. Dort wird sich entscheiden, ob Europa im Zeichen einer pax sovietica dahinsiechen muß oder im Zeichen einer pax americana leben kann. Mit anderen Worten: in Knechtschaft oder in Freiheit.

Das Schicksal Deutschlands, das in Berlin symbolisiert und das dort entschieden werden wird, ist ganz besonders geprägt von der Tatsache der Teilung unseres Kontinents in zwei gegensätzliche Gesellschafts- und Wirtschaftssysteme: zwei Systeme, die zueinander stehen wie Feuer und Wasser und für die es keine wirkliche Koexistenz geben kann; auch keine wahre Entspannung, wie in den vergangenen Monaten und Wochen drastisch und dramatisch bewiesen und vom letzten jetzt voll begriffen wurde.

Wir sehen im Osten ein Gesellschaftssystem, das so miserabel, ich möchte beinahe sagen, so albern ist, daß wir eigentlich gar nicht darüber zu sprechen brauchten. Es funktioniert nicht. Es bringt weder Feiheit, noch schafft es materielle Werte. Im Gegenteil: Die ökonomische, soziale und geistige Ertragsarmut des kommunistischen Herrschaftssystems stimuliert den Widerstandsgeist in ganz Osteuropa. Dort entwickelt sich ein Freiheitsbegriff, der auf einer Front, die breiter ist als Polen, zu einer Los-von-Moskau-Bewegung hindrängt. Dieses kommunistische System wird heute nur noch gehalten durch eine unglaubliche Rüstung, durch einen perfekten Polizeiapparat und den dadurch möglichen Terror – nach innen und nach außen. Das sind also die anderen.

Und nun wir: Wir, im Westen, haben ein Gesellschafts- und Wirtschaftssystem, das ziemlich genau dem Wesen und den Wünschen des Menschen unseres Kulturkreises entspricht. Die von Ludwig Erhard erdachte und durchgesetzte sozialgebundene freie Marktwirtschaft ist schon eine geniale Antwort auf die Bedürfnisse unserer Zeit. Denn sie hat Hoffnungen erfüllt, ja übertroffen – gerade auch für die sozial Schwachen, was sie im Grunde erst fruchtbar sein läßt.

Dieses Wirtschafts- und Gesellschaftssystem, das wir inzwischen entwickelt haben, hatte bei uns seine ganz große Zeit, als es dazu diente, von 1948 bis vor wenigen Jahren zunächst den Nachholbedarf und dann so gut wie alle materiellen Wünsche des Volkes zu befriedigen. Und es hat Feiheit geschaffen und bewahrt.

Aber wir sollten nicht verschweigen, daß ebendiese Freiheit heute oft in die Gefahr gerät, als Freizeit mißverstanden und als »Konsumgut« mißhandelt zu werden. Denn Minoritäten, so scheint es mir manchmal, brauchen wohl Freiheit als Lebenselixier. Der Bedarf der Mehrheit der Menschen an Freiheit erscheint mir relativ gering, solange es ihnen wirtschaftlich gutgeht.

Der Ruf des amerikanischen Patrioten Patrick Henry: »Gebt mir Freiheit oder gebt mir den Tod«, der die amerikanischen Befreiungskriege einläutete, gilt, so fürchte ich, immer nur für eine ausgewählte Minderheit. Aber zur Zeit haben wir zum Glück diese Freiheit noch, die allerdings leicht in Libertinage umschlägt, weil ihr die ethische Gebundenheit fehlt. Allzuoft wird ja vergessen, daß die Freiheit nie absolut sein kann, sondern immer da ihre Grenzen finden muß, wo sie mit den Rechten anderer in Kollision gerät.

Aber dieser Wohlstand und diese Freiheit sind gefährdet. Sie haben uns auch Randerscheinungen gebracht, die uns die Frage aufdrängen, ob es in diesem großartigen System nicht an irgend etwas fehlt. Ich denke da an die Staatsverdrossenheit besonders vieler junger Menschen; ich denke an den Drogenmißbrauch und alles, was dazugehört.

Auch für solche Fragen liefert Berlin viel Anschauungsmaterial. Jedes Problem, das in Deutschland auftaucht, erkennt man wie in einem Brennspiegel in der ehemaligen und der künftigen Hauptstadt unseres Vaterlandes. Die Ausschreitungen in der Hausbesetzer-Szene sind dafür das neueste Beispiel.

Was fehlt? Ich glaube, neben den materiellen Gütern sucht der Mensch doch auch immer das Ideal. Daß schrankenlose Freiheit besonders dann, wenn sie selbstverständlich ist, kein Ideal darstellt, haben wir gesehen. Aber die Sehnsucht nach einem greifbaren Ideal ist da.

Viele junge Menschen, die sich freiwillig zum Dienst in Krankenhäusern oder Altenheimen oder zur Hilfe in Entwicklungsländern melden, beweisen es. Viele junge Menschen, die politisch zu den »Grünen« gestoßen sind, beweisen es auch – auf ihre Weise. Und auch die vielen, die in der Drogenszene landen, weil sie in diesem Alltag keine Ideale finden, beweisen das auf schreckliche Art.

Es ist doch wohl so, daß Menschen, die nie kennengelernt haben, was Bedrohung oder Unterdrückung oder Armut oder Hunger oder gar Krieg ist, daß die sich sehr schnell in ihrem komfortablen Leben langweilen und dann eines Tages auf die Suche gehen nach einem Ideal – und sei es der Guru.

Alles in der Welt läßt sich ertragen, nur nicht eine Reihe von schönen Tagen, sagt Goethe. Was aber könnte ein wahres Ideal sein?

Ich bin in dieser gottlosen Zeit etwas gehemmt, das mir im wahrsten Sinne des Wortes einleuchtende Ideal beim rechten Namen zu nennen: die Rückbesinnung auf Gott. Aber das heute zu erkennen ist für viele wohl noch zu früh, für keinen allerdings zu spät.

Ich fand sehr bemerkenswert, was Großschachmeister Ludek Pachman einmal sagte, als er von sich erzählte, daß er, ein früherer Kommunist, im Gefängnis Christ geworden sei. Und daß er nun als Glaubender versuche, sein Leben sinnvoll zu gestalten.

Da die jungen Menschen der Religion nicht zugeführt werden, oder – besser gesagt – da sie von Religion vielleicht nicht ergriffen sein können, weil, um mit Martin Luther zu sprechen, bei ihnen der Blitz nicht eingeschlagen hat, deshalb sind sie auch auf der rastlosen Suche nach einer diesseitigen Ersatzreligion. Das ist sehr oft der Leninismus-Marxismus.

Anders ist es überhaupt nicht zu erklären, daß trotz der dauernden, systemimmanenten Fehlleistungen des Ostens und trotz des riesigen Angebotes an materiellen Gütern bei uns so viele Jugendliche immer wieder irgend etwas Positives am Kommunismus suchen und zu finden glauben.

Dabei sollte und könnte die Rückbesinnung auf Gott das Ideal unserer Zeit sein. Die Religion ist das wahrhaft Avantgardistische unserer Zeit und das Unterpfand des wirklichen Friedens. Dabei bedeutet Friede nicht Streitlosigkeit. Im Gegenteil, die großen Beter waren streitende Wächter auf den Zinnen der immerwährend von Dämonen angegriffenen Welt, sagt Reinhold Schneider.

Wenn es bei so elementaren Fragen wie Freiheit und Frieden um Gott geht – und es geht um ihn –, dann muß auch eine andere Feststellung getroffen werden: daß nämlich das Vaterland eine Schöpfung Gottes ist.

Es gibt kein Vaterland ohne Gott. Wenn wir uns zu einem solchen Vaterlandsbegriff bekennen, hat Europa eine Chance. Denn wenn sich individuelle, sittlich motivierte Vaterländer zu Großräumen der Freiheit zusammenschließen, dann ist das die sichere Zukunft. Dann ist das die zeitgerechte Antwort auf jegliche Art des Imperialismus, auch auf die sowjetische.

Wenn das Vaterland ein Hort sittlicher und politischer Freiheit ist, dann erhält auch das Problem der Wiedervereinigung eine neue Perspektive, ja eine Zwangsläufigkeit.

Ich hatte einmal ein Gespräch mit Konrad Adenauer, wo wir – wie so oft – auf die Wiedervereinigung zu sprechen kamen. Er nannte mich einen ungeduldigen jungen Mann und meinte: »Eines Tages wird die Wiedervereinigung gewissermaßen als Abfallprodukt einer wirklichen Abrüstung kommen. Der muß allerdings eine Aufrüstung unserer Seite vorausgehen, eine Aufrüstung von einem Umfang, der den Sowjets zeigt, daß ihr Versuch der Beherrschung Europas und der freien Welt nicht gelingen kann.«

Gerade jetzt, wo in unserem Land die Frage der sogenannten Nachrüstung so heftig debattiert wird, kommen mir auch diese Worte Adenauers wieder in den Sinn. In diesem Gespräch sagte mir der alte Herr auch: »Axel Springer, ich scheide bald aus dem Amt und wohl bald auch aus dem Leben. Nehmen Sie drei Leitsätze von mir in Ihr zukünftiges Wirken: 1. Der atheistische kommunistische Osten hat uns im Westen nichts anzubieten; 2. vergessen Sie nie, daß die Deutschen noch immer ein nicht ausbalanciertes Volk sind; und 3. bleiben Sie ein getreuer Freund der Juden und des Staates Israel.«

Gestatten Sie mir in diesem Zusammenhang ein paar Sätze zum letzten von Adenauers drei Punkten, zur Frage unserer Beziehungen zu unseren jüdischen Mitbürgern und zum Staat Israel. Lassen Sie mich beginnen mit einem Telegramm, das ich zur Zeit des Höhepunktes der Auseinandersetzungen zwischen Ministerpräsident Begin und Bundeskanzler Schmidt an den israelischen Staatspräsidenten Navon richtete. Ich telegrafierte ihm am 8. Mai:

Sehr geehrter Herr Präsident,

jedem Israeli, dem nach 35 Jahren verständlicherweise noch immer die Schrecken von Auschwitz vor Augen stehen, wünsche ich als ein um das Leben aus dem Glauben bemühter Mann die Kraft des Vergebens. Dies auch, da deutsche Sozialdemokraten, Kirchenführer, Soldaten und Offiziere und andere Helfer der Juden aus allen Schichten des Volkes ebenfalls unendliches Leid erlitten.
Möge der Staat Israel blühen und gedeihen, und mögen wir Deutschen dabei seine treuesten Feunde sein.

Ihr Axel Springer

Der Präsident antwortete mir aus Jerusalem:

Mein lieber Axel Springer,

Ich danke Ihnen mit tiefer Anerkennung für Ihre warmen, verständnisvollen Worte, für die ethischen Gedanken, die hinter den Worten stehen, für Ihren Wunsch, daß Israel blühen möge und daß die Deutschen unsere besten Freunde sein mögen. Und ich sende Ihnen meine besten Wünsche.

Mit vorzüglicher Hochachtung
Yitzhak Navon

Ich werde oft gefragt, weshalb ich mich in unserem Lande immer wieder zum Vorkämpfer des Staates Israel mache. Erlauben Sie mir, das zu erklären: Deutschland hat sich gegenüber seinen jüdischen Mitbürgern und Millionen anderer Juden vor fast einem halben Jahrhundert in einem solchen Ausmaß vergangen, daß der Versuch der Wiedergutmachung heute unser oberstes Gebot sein muß. Dabei weiß ich, daß es eine wahre Wiedergutmachung nicht geben kann.

Von meinem entschiedenen Bekenntnis zur deutschen Schuld weiche ich nicht ein Jota ab. Dieses Bekenntnis hypnotisiert mich aber nicht und macht mich nicht geschichtsblind gegen historisches Versagen anderer.

Simon Wiesenthal hat zwar schon einige Male über die Entsetzlichkeiten der Nazi-Zeit gesagt: »Das hätte auch in jedem anderen Land geschehen können, und es hätten auch andere als die Juden die Opfer sein können, wenn gewisse Voraussetzungen zugetroffen wären, die da sind: eine Diktatur, der Haß im allgemeinen, die Technologie, eine funktionierende Bürokratie, eine Krise oder ein Krieg und eine Minorität als Opfer.«

Diese Aussage Wiesenthals ist bemerkenswert. Wir erleben auch heute antijüdische Verfehlungen. Sie gehen in der Sowjetunion bis zur Verfolgung. Sie fanden sich in der kommunistischen Herrschaft über Polen. Sie begegnen uns bedrückend sogar in Frankreich und in den USA, von wo viele in Deutschland vertriebene antisemitische Literatur stammt. Aber all das kann uns nicht entlasten, denn: Auschwitz - das waren wir.

Das verpflichtet uns auch zu äußerster Sensibilität gegenüber allen Erscheinungen eines Rechtsextremismus, obwohl wir wissen, daß Feindseligkeit gegenüber den Juden und gegenüber dem Staat Israel auch ein besonderes Merkmal der äußersten Linken ist.

Rechtsextremismus und Antisemitismus nehmen leider in vielen Teilen der Welt zu. Aber nach dem, was bei uns geschehen ist, ist ein Wiedererwachen von Rechtsextremismus oder Antisemitismus bei uns schlimmer als irgendwo sonst in der Welt.

Die Bekämpfung des Rechtsextremismus ist übrigens ganz besonders eine Aufgabe für Konservative. Denn der Nationalsozialismus hatte die Begriffe usurpiert, mißbraucht und schließlich mißformt, die das Rüstzeug jedes Konservativen bilden: Nation, Tradition, Glaube und Ehre.

Lassen Sie uns gemeinsam darüber wachen, daß nicht noch einmal ein solcher Mißbrauch möglich wird!

Linkem Terror zu widerstehen, ohne dem anderen Extrem mit gleicher Konsequenz zu begegnen, wäre ein Gesinnungsbruch, der die Glaubwürdigkeit eines wahren Konservativen zerstören müßte.

Wer in mir einen Nationalisten, einen Befürworter chauvinistischer Haltung zu erkennen meint, der wird sich revidieren müssen. Und ich könnte den Konrad Adenauer Freiheitspreis nicht dankbar annehmen, wenn ich nicht wüßte: Der große erste deutsche Bundeskanzler dachte und fühlte genauso. Er war es, der durch seine historische Begegnung mit David Ben Gurion der Aussöhnung den Weg bahnte.

Diese Aussöhnung im Bewußtsein der Schuld und in entsprechender Demut ist eine der vier Leitlinien meines Hauses. Ich werde sie keinen Fingerbreit verlassen. So verstehe ich Patriotismus und konservative Haltung. So verstehe ich den Kampf für Deutschland, für seine Freiheit und seine nationale Wiedergeburt. Ein solcherart geläutertes Deutschland ist auch das nötige Bollwerk in der immerwährenden Auseinandersetzung zwischen Ost und West.

Sieht man sich die Männer im Kreml an, die rotlackierten Nazis, wie sie der große Kurt Schumacher genannt hat, so erkennt man immer wieder, daß auch sie Spieler sind, so wie Hitler ein Spieler war. Der Unterschied ist allerdings gravierend: Während Hitler ein Vabanquespieler war, dem es nicht darauf ankam, ganz Deutschland, ja ganz Europa aufs Spiel zu setzen, sind die heutigen Herren Rußlands Schachspieler. Sie zucken zurück, wenn sie in die Gefahr kommen, schachmatt gesetzt zu werden. Mit anderen Worten: Je stärker wir im Westen sind, um so größer ist die Chance, den Frieden zu bewahren. Dieses Konzept hat sich schon seit den Tagen von Präsident Truman bewährt.

Wie auch immer unsere Beziehungen zu der Sowjetunion sein mögen, wir dürfen nie vergessen, daß es sich dort um ein Unrechtsregime handelt, ein Regime, das – wie Alexander Solschenizyn immer wiederholt – seit der Oktoberrevolution 1917 66 Millionen seiner eigenen Menschen vernichtet hat. Diese Zahl schließt die Millionen nicht ein, die im Krieg gefallen sind: durch unsere Schuld gefallen sind, möchte ich hinzufügen.

Oft frage ich mich, und ich frage im Ausland und in Deutschland: Wer bringt endlich im Westen den Mut auf, einen Film über diese 66 Millionen Opfer des Kommunismus und Sowjetimperialismus zu drehen, so wie man ja gottlob den Mut aufgebracht hatte, sich an den Film »Holocaust« zu wagen? Oder wird man auch dieses Thema erst dann aufgreifen, wenn es nicht mehr die Wirklichkeit der Gegenwart ist, sondern nur noch der Spiegel einer schrecklichen Vergangenheit?

Dank unserer finsteren Vergangenheit sind wir Deutschen heute ein gebrochenes Volk. Wir haben einen der fürchterlichsten Kriege angezettelt und geführt; dabei meine ich besonders den Nebenkriegsschauplatz gegen die Juden, der so furchtbar war, daß eine Zeitlang in den Augen der Welt alle Deutschen zu Verbrechern gestempelt wurden, was bei vielen noch heute nachwirkt. Als Folge des Krieges kamen der Verlust der Ostgebiete und die Teilung des noch verbliebenen Landes.

Das alles hat die Deutschen zu einem gebrochenen Volk gemacht. In den Jahren des wirtschaftlichen Aufbaus kam das nicht so sehr zum Vorschein. So ist das Vaterland für viele Jüngere kein Begriff mehr, nachdem ihre Väter im Namen dieses Vaterlandes die ganze Welt erobern wollten.

Und ein zweites Mal schicken wir Deutschen uns an, eine Minorität, die zu uns gehört, zu verraten. In den dreißiger Jahren waren es die Juden, die auch Deutsche waren. Heute sind es alle Deutschen, die im kommunistisch beherrschten Teil unseres Landes leben.

Es fehlt eben vielen von uns die Einsicht, daß ein Volk seine Freiheit ebenso wie seinen Wohlstand nur sichern kann, wenn es auch ein höheres Ziel hat. Im Rahmen der deutschen Nation könnte, ja müßte dieses Ziel neben der nie aufgegebenen Hoffnung auf die Wiedervereinigung die Stärkung Berlins sein.

Ausländer, zum Beispiel Engländer, Franzosen oder Amerikaner, wundern sich immer wieder darüber, daß wir so gut wie gar nicht über die Wiedervereinigung sprechen; daß wir uns eigentlich mit unserem Lebensstandard und mit den regelmäßigen Reisen nach Mallorca abgefunden haben. Das ist für sie unverständlich, weil sie, anders als wir, ungebrochene Völker sind.

Wir sind auch besonders anfällig. Die Bundesrepublik Deutschland ist zwar keine sowjetisch besetzte Zone, aber ein sowjetisch durchwandertes Land. Hochgestellte sowjetische Funktionäre kommen und gehen, geben Interviews und besuchen »Freunde«. 55 Delegationen, die dem DKP-Parteitag in Hannover die Ehre gaben, reisen zu »Meetings« in allen Bereichen der Bundesrepublik. Und das Thema ist immer das gleiche: Wehrt euch gegen die Amerikaner, wehrt euch gegen den Nachrüstungsbeschluß der NATO! Die Propaganda-Kompanien haben freie Fahrt. Und so wird das Land nicht nur durchwandert, sondern unterwandert.

Aber nicht nur das: Ein aus Moskau gesteuerter Terrorismus überzieht die ganze freie Welt. Eingeweihte fragten schon sehr früh nach dem Attentat auf den Papst: Cui bono?

Mir persönlich ist in meinem Leben das große Glück widerfahren, in jungen Jahren fast immer nur mit Älteren befreundet gewesen zu sein. Sie diskutierten mit mir, ließen mich teilhaben in ihrem Wissen. Einer meiner unvergessenen Freunde, der zugleich später mein Mentor wurde, war Hans Zehrer. Die Freundschaft begann in den Jahren zwischen 1933 und 1945. Ein Wort von ihm habe ich nie vergessen:

»Wenn wir einmal unversehens an das Erbe der Vergangenheit in uns stoßen oder wenn es plötzlich von außen an uns herantreten sollte – dann kann uns als einzelnen wie als Volk nichts Besseres geschehen als dieses: ausgraben, freilegen, entschärfen und dann um einige Zentner leichter in die Zukunft!«

Heute versteht sich Jugend als etwas anderes als vor einem halben Jahrhundert. Wir haben es erst vor wenigen Tagen wieder auf dem Hamburger Kirchentag erlebt, obwohl die Berichte verzerrt waren, vor allem im Fernsehen und im Hörfunk. Die Zeitungen spreche ich damit nicht frei. Es sah so aus, als hätte es in Hamburg nur die protestierende Jugend gegeben, die mit Hilfe politisierender oder verängstigter Pastoren die Bergpredigt in eine Gebrauchsanweisung für praktizierte Politik umfunktionieren wollte. Das war der Augenschein, wo doch in Wirklichkeit die Zahl derer unvergleichbar viel größer war, die zu den religiösen Veranstaltungen, besonders zu den Bibel-Arbeitskreisen, kamen.

Aber immer wieder setzte sich die lautstarke Minorität in Szene, und darüber wurde berichtet; getreu der alten Erfahrung: »Hund beißt Mann«, das ist alltäglich, das interessiert niemanden; aber »Mann beißt Hund«, das ist etwas Aufregendes, das ist eine Nachricht. Aber es verbirgt sich natürlich oft auch böse politische Absicht hinter einer derartig einseitigen Berichterstattung.

Jugend, das muß immer wieder gesagt werden, ist keine Tugend und kein Endzustand. Jugend ist ein Durchgangsstadium zu den Schwerpunkten des Lebens. Das müssen die Jungen wieder verstehen lernen und auch, daß Gebrüll und Farbbeutel kein Ersatz für Argumente sind, besonders weil Farbbeutel ja sehr oft nur eine erste Stufe in einer Entwicklung sind, an deren Ende Bomben geworfen werden.

Aus meiner Erfahrung kann ich Ihnen, Herr Ministerpräsident, nur warnend beipflichten: Unter den Hausbesetzern von heute finden sich neben vielen Verführten auch die Bombenleger, die Attentäter von morgen.

Jugend muß immer gehört werden. Aber Jugend hat nicht immer recht. Max Weber hat das kurz nach dem Ende des Ersten Weltkrieges unvergleichlich in einem Vortrag vor Studenten hier in München gesagt. Lassen Sie mich zitieren, denn ich unterschreibe jedes Wort: »Mit dem Datum des Geburtsscheins bei Diskussionen überstochen zu werden, habe auch ich mir nicht gefallen lassen; aber die bloße Tatsache, daß einer 20 Jahre zählt und ich über 50 bin, kann mich schließlich auch nicht veranlassen, zu meinen, das allein wäre eine Leistung, vor der ich in Ehrfurcht ersterbe.«

Und weil ich gerade beim Zitieren bin, möchte ich Ihnen eine Betrachtung zum Thema Jugend unserer Zeit vorlesen, die von der Dichterin Marie Luise Kaschnitz stammt. Die kleine Geschichte trägt den Titel »Hobbyraum« und lautet wie folgt:

»Meine Söhne, sagte Herr Fahrenkamp, sind wortkarg genug. Ich frage sie dieses und jenes, ich bin kein Unmensch, es interessiert mich, was die Jugend denkt, schließlich war man selbst einmal jung.
Wie soll nach eurer Ansicht die Zukunft aussehen, frage ich und bekomme keine Antwort; entweder meine Söhne wissen es selbst nicht, oder sie wollen sich nicht festlegen, es soll alles im Fluß bleiben, ein Fluß ohne Ufer sozusagen, mir geht das auf die Nerven, offen gesagt.
Darüber, was es nicht mehr geben soll, äußern sich meine Söhne freimütiger, auch darüber, wen es nicht mehr geben soll, den Lehrer, den Richter, den Unternehmer, alles Leute, die unseren Staat aufgebaut haben, in größtenteils demokratischer Gesinnung, aus dem Nichts, wie man wohl behaupten kann, und das ist jetzt der Dank.
Schön und gut, sagen meine Söhne, aber ihr habt etwas versäumt, und ich frage, was wir versäumt haben, die Arbeiter sind zufrieden, alle Leute hier sind satt und zufrieden, und was gehen uns die Einwohner Boliviens an?
Ihr habt etwas versäumt, sagen meine Söhne und gehen hinunter in den Hobbyraum, den ich ihnen vor kurzem habe einrichten lassen.

Was sie dort treiben, weiß ich nicht. Meine Frau meint, daß sie mit Bastelarbeiten für Weihnachten beschäftigt sind.«

Wie auch immer die Bastelarbeiten aussehen mögen, wir müssen wachsam sein. Aber gleichzeitig müssen wir die Sorgen der jungen Menschen in unserem Lande ernst nehmen; denn es sind Sorgen, die sehr oft nur entstehen konnten, weil wir den Fragenden bisher nicht die richtige Antwort geben konnten.

Wir sollten die jungen Menschen nicht mehr so allein lassen, besonders was das Vaterland und die Religion angeht. Wir sollten – so altmodisch das in manchen Ohren klingen mag, dabei ist es die Zukunft – in den Schulen wieder zwei Fächer zu Pflichtfächern machen, die auf Nebengeleise abgeschoben wurden: einmal Religion und zum anderen Geschichte.

Wer die Geschichte nicht kennt, in die er hineingeboren ist, kann auch die Forderungen nicht erfüllen, die die Geschichte an ihn stellt. Eine geschichtslose Generation ist eine gesichtslose Generation, ja eine Generation ohne Zukunft. Das Wissen um die Geschichte ist auch eine Triebfeder bei unserem Bemühen, die Wiedervereinigung unseres Vaterlandes in Freiheit niemals aus den Augen zu verlieren. In Berlin steht uns diese Geschichte täglich vor Augen.

Von Berlin, vom Hochhaus an der Mauer, das viele von Ihnen kennen, von meinem Arbeitszimmer aus sehe ich täglich hinüber in den Osten. Und es ist ein sehnsuchtsvolles Schauen. Denn ich weiß um die Not der Menschen drüben, die man am einfachsten als Mangel an Freiheit beschreiben kann. Und ich weiß, daß Not auch veredelt. So finden wir manchmal drüben die besseren Menschen, nicht – wie bei uns so oft – verdorben von der Fülle, sondern geläutert von den Entbehrungen.

In Berlin, in meinem Privathaus in der Bernadottestraße, entstand im Jahre 1958 im Gespräch mit Arbeitgebern, Gewerkschaftern, Politikern aller Couleur die Aktion »Macht das Tor auf«. Getragen vom Kuratorium »Unteilbares Deutschland«, hatte diese Aktion dann lautstark gefordert: »Macht das Tor auf! Gebt uns das heilige Recht der Selbstbestimmung! Beseitigt als erstes die Schranken, die uns trennen! Wir fordern: freies Reisen in Deutschland, freie Wahl des Wohnortes, freie Wahl des Arbeitsplatzes, freies Wort.«

Diese Forderung wurde überall veröffentlicht, von allen politischen Gruppierungen unseres Landes unterschrieben. In der alphabetischen Reihenfolge der Unterschriften dieses Aufrufs standen am Anfang der Name Konrad Adenauer und am Schluß hintereinander die Namen Franz Josef Strauß und Herbert Wehner.

»Macht das Tor auf!« Der Appell ist heute genauso aktuell wie vor 23 Jahren. Denn wir wissen: Mehr als hier im Westen ist jenseits der deutschen Leidensgrenze die Sehnsucht nach dem großen Vaterlande wach; die Wiedervereinigung bedeutet dort die Hoffnung auf Freiheit.

»Wir sind noch einmal davongekommen« ist der Titel eines Stückes von Thornton Wilder, das nach dem Krieg als eines der ersten hier in München aufgeführt wurde. Sind wir davongekommen? frage ich uns heute und wage keine positive Antwort. Wir haben höchstens einen Teil des Weges hinter uns. Vielleicht ist gerade jetzt die Halbzeit unserer Bewährung. Neue, größere Prüfungen stehen bevor, und wir können sie nur bestehen, wenn wir den Mut zur Wahrheit haben und die Kraft, die daraus wächst.

Deshalb verzeihen Sie mir, wenn ich Ihnen jetzt, zum Schluß kommend, keine billige Phrase des Optimismus vortrage. Meine Skepsis sei vielmehr ausgedrückt in einem weiteren Text der 1974 in Rom gestorbenen Patriotin Marie Luise Kaschnitz. Mit dem Blick auf unsere Zukunft sagte sie:

Ob wir davonkommen,
ohne gefoltert zu werden,
ob wir eines natürlichen Todes sterben,
ob wir nicht wieder hungern,
die Abfalleimer nach Kartoffelschalen durchsuchen,
ob wir getrieben werden in Rudeln,
wir haben's gesehen.
Ob wir nicht noch die Zellenklopfsprache lernen,
den Nächsten belauern,
vom Nächsten belauert werden
und bei dem Wort Freiheit weinen müssen.
Ob wir uns fortstehlen rechtzeitig auf ein weißes Bett
oder zugrunde gehen am hundertfachen Atomblitz,
ob wir es fertigbringen,
mit der Hoffnung zu sterben,
steht noch dahin,
steht alles noch dahin.

Aber es muß nicht so sein! Wenn Sie wollen, wenn wir alle wollen, wenn unsere Verbündeten in Europa wollen, nicht zu vergessen unsere Freunde, die »jungen Europäer« in Amerika, dann, zum erstenmal, können wir eine Festigung des Friedens erleben, wie wir sie nie kennengelernt haben. Denn: Wenn ihr es wollt, ist es kein Märchen!

Personenregister

Adenauer, Konrad 12, 15, 18, 92, 145, 150f., 153, 160
Albertz, Heinrich 94
Almarik, Andrej 48, 139
Arndt, Adolf 20
Arndt, Ernst Moritz 10, 115, 132

Bach, Otto 75
Bahr, Egon 138
Banaschewski, Edmund 115, 117
Begin, Menachem 151
Bernhard, Georg 19
Bismarck, Otto von 117
Böckler, Hans 68
Brandt, Willy 15, 27, 37f., 55f., 77, 80–84, 94, 106, 137, 139f.
Brauer, Max 83
Breschnew, Leonid Iljitsch 40, 49, 88–92, 117
Brüning, Heinrich 10
Bukowski, Wladimir 140
Burckhardt, Carl Jakob 95f.

Carstens, Karl 88
Chruschtschow, Nikita 9, 146
Churchill, Winston 72f.
Clausewitz, Carl von 101
Czaja, Herbert 32

Dietzgen, Josef 121
Dubček, Alexander 129

Ebert, Friedrich 87
Eckardt, Felix von 146
Eichendorff, Joseph von 8, 109
Einstein, Albert 106
Elbau, Julius 19
Erhard, Ludwig 66, 147
Erler, Fritz 82
Evertz, Pastor 131

Falin, Valentin 101
Faust, Sigmar 126
Flüe, Niklaus von 130
Ford, Gerald 110, 112f.
Fort, Gertrud von le 50

Friedrich der Große 94
Friedrich Wilhelm III. 132
Fugger, Jakob 116

Gaulle, Charles de 130
Gaus, Günter 25, 27–31
Ginsburg, Alexander 48
Gneisenau, August Graf 132
Goethe, Johann Wolfgang 23, 94, 149
Grüber, Heinrich 116
Gurion, David Ben 154
Guttenberg, Karl Theodor Freiherr von und zu 115

Habe, Hans 146
Harden, Maximilian 19
Hassel, Kai-Uwe von 32
Havemann, Robert 137
Henry, Patrick 148
Hitler, Adolf 36, 53–55, 60–62, 96, 108, 119, 154
Hofmannsthal, Hugo von 95
Home, Alexander Frederick Douglas, Earl of 73
Hübner, Niko 137
Hugenberg, Alfred 29
Hupka, Erich 86
Hupka, Herbert 86

Jackson, Henry 97, 113
Jacobs, Monty 19

Kant, Immanuel 94
Kaschnitz, Marie Luise 158, 160
Kennan, George F. 36
Kennedy, John F. 18, 36
Kerr, Alfred 19
Kiesl, Erich 145
Kissinger, Henry 97, 120
Klaus, Bruder 130
Kohl, Helmut 103, 145
Köhler, Otto 29
Kokoschka, Oskar 22
Kollek, Teddy 21
König, Studentin 59
Kühn, Heinz 107

Leber, Georg 91
Leibniz, Gottfried Wilhelm Freiherr von 121
Lemmer, Ernst 15f., 32f., 94
Lenin, Wladimir Iljitsch 37, 101, 106, 128–130
Löffler, Gerd 135, 138, 140
Löwenthal, Gerhard 145
Lübke, Heinrich 15
Lummer, Heinrich 145
Luther, Martin 106, 122, 149

Mahler, Horst 29f.
Marx, Karl 106, 121

Mattick, Kurt 52, 54
Mauz, Gerhard 29f.
Maximow, Wladimir 106
Meany, George 97, 113
Mende, Erich 15
Mewes, Christa 146
Mosse, Rudolf 19

Napoleon Bonaparte 132
Nau, Alfred 80
Navon, Yitzhak 151f.
Nettelbeck, Joachim 94
Nievo, Ippolito 49

Ollenhauer, Erich 38
Ossietzky, Carl von 19

Pachman, Ludek 149
Palach, Jan 112
Paulus (Apostel) 106
Pirkl, Fritz 32
Plivier, Theodor 83
Pljuschtsch, Leonid 140

Raabe, Wilhelm 116
Reagan, Ronald 113
Rebs, Reinhold 32
Reuter, Ernst 38, 55, 82, 94
Richter, Willi 69
Roosevelt, Franklin D. 72
Rosenthal, Therese 86
Ruhnau, Heinz 79f.
Rumsfeld, Donald 114

Schatilow, Sergej 53
Scheel, Walter 98
Scherl, August 19
Schlamm, William 146
Schlegel, August Wilhelm von 34, 54
Schlesinger, James 113
Schmidt, Helmut 103, 151
Schneider, Reinhold 150
Schoeck, Helmut 78, 115
Schütz, Klaus 94
Schumacher, Kurt 82, 154
Servatius, Bernhard 10
Solschenizyn, Alexander 90, 106f., 110, 114, 154
Spaak, Paul Henri 73
Stalin, Josef 96, 107
Steffen, Jochen 78
Stobbe, Dietrich 138
Stoph, Willi 56
Strauß, Franz Josef 145, 160
Suhr, Otto 38, 94

Tamm, Peter 27
Togliatti, Palmiro 46
Tolstoi, Leo 124

Ulricht, Walter 29, 49, 57
Ullstein, Leopold 19

Voltaire 128

Walden, Matthias 146
Waldheim, Kurt 71
Wallenberg, Ernst 19
Weber, Max 157
Wechmar, Rüdiger von 142, 144
Wehner, Herbert 38, 47, 58, 160
Weichmann, Herbert 82
Werfel, Franz 35, 54
Wiechert, Ernst 60, 62–64
Wiesenthal, Simon 152f.
Wilder, Thornton 160
Wischnewski, Hans-Jürgen 47
Wolff, Theodor 19

Zehrer, Hans 19, 156